Michael B... Londres. Il est l'auteu... *nesia Club* (1988), *M*... ns, *Divine Concepts* (...), le mythique *The Conclave* (1991), *Sai*... (1995) et *Perfect Tense* (2001). Il est aussi l'auteur d'essais, *England Is Mine, The Nineties,* sous-titré : *When Surface Was Depth*, et de deux films documentaires pour la télévision, *Oscar Wilde, Pevsner's Surrey*. Il collabore à *The Independent on Sunday*. Il vit à Londres et sur la côte nord-ouest de l'Angleterre.

*Une époque formidable* (*Perfect Tense*) est son premier roman traduit en français.

MICHAEL BRACEWELL

# *Une époque formidable*

ROMAN TRADUIT DE L'ANGLAIS PAR ROBERT DAVREU

LE DILETTANTE

*Titre original :*

PERFECT TENSE

# UN

Le travail est une bénédiction. C'est ce que je n'arrête pas de me répéter, chaque fois que l'envie me vient de tout envoyer promener. Car pire que de travailler, bien pire, est de ne pas travailler. Et je ne parle pas simplement des gens qui dorment dans les parcs, ou de ceux qui se font licencier alors qu'ils ont une famille à nourrir. Je parle de nous autres, ceux qui sont pourvus d'un emploi et d'un salaire, et qui trouvent tout de même le moyen de passer la moitié de leur temps à rêver d'envoyer valdinguer tout le fourbi, et l'autre à se sentir simplement fatigués.

Bien sûr, je pense aux gens qui ont un emploi semblable au mien : les traînards de la course à la carrière d'employé de bureau, écartés de la voie rapide par notre manque fondamental d'envie de gagner. Mais même dans ce cas, le travail est une bénédiction. Je dis cela — affligé d'une certaine surcharge pondérale, encrassé par le cholestérol et passé du mauvais côté de la quarantaine — parce que le travail est, en définitive, la seule chose qui maintient le reste en place. Il est difficile de vous expliquer ce que je veux dire, à moins que vous ne partagiez ma terreur des jours fériés.

Les jours fériés, j'aime aller faire de longues promenades dans les rues tranquilles de la City, regardant les bureaux vides et scrutant à travers les vitrines la pénombre des cafétérias nettoyées de fond en comble. Je sais que cela paraît ridicule, mais je les trouve rassurants — ces reflets des façades de verre, et les bureaux d'accueil avec leurs agents de la sécurité qui s'ennuient et somnolent dans des fauteuils de cuir à haut dossier. Ce sont les spectacles qui tiennent à distance ma crainte du chômage. Car il est facile d'avoir l'impression d'être au chômage, même lorsque vous êtes attelé à votre bureau et que vous êtes parfaitement conscient de tous les autres pauvres bougres qui ont réellement perdu leur boulot. Le chômage peut aussi bien être une impression que vous avez. C'est le sentiment de n'avoir nulle part où aller — ou « nulle part où aller sinon à la maison », comme quelqu'un l'a dit un jour. Et je n'arrive pas à trouver de meilleure définition. Eprouver une telle impression d'ennui, une telle impression d'inutilité ; aller à la dérive, et n'avoir plus de prise sur la vie, de sorte que rien — ni effort, ni récompense — ne justifie plus que vous vous leviez ou que vous dormiez. Et cela peut arriver au moment où vous vous y attendez le moins.

Vous vous demandez peut-être qui je suis, ou à quoi je ressemble. C'est sans importance. Votre regard ne se poserait pas deux fois sur moi, si vous me voyiez dans le train. Je ressemble à tout le monde. Et, tout bien considéré, je suppose que je suis exactement comme tout le monde. Mais je devrais dire « britannique, blanc, de sexe masculin ». Et vous pourriez ajouter, si vous le désirez, « col-blanc-dans-la-tranche-des-revenus-faibles-à-moyens-habitant-la-banlieue-mais-qui-a-lu-quelques-livres ». Mais un jour, il y a près de vingt ans, à la veille de l'été 1980, j'étais sur le chemin du bureau lorsque j'ai décidé soudain de prendre la tangente pour la journée. C'était au début de juin, une matinée sans nuage, et le soleil était déjà chaud. Je traversais le London Bridge — je travaillais à cette époque-là près de Monument, et je traversais tous les jours le pont à pied depuis la gare — et je regardais la lumière sur le fleuve.

Lorsque je plissais les yeux jusqu'à ce qu'ils soient presque fermés, les reflets de lumière sur l'eau devenaient une seule masse étincelante, d'un blanc aveuglant, dansant sur du noir. Et lorsque j'essayais de regarder de nouveau devant moi, l'éclat du soleil était si violent qu'il me fallait regarder le trottoir en marchant. Tout autour de moi, les travailleurs affluaient vers la City. J'étais toujours fasciné par les allures différentes auxquelles ils avançaient. Leurs vies étaient dans leurs façons de marcher, si vous voyez ce que je veux dire. Certains flânaient, dédaigneux d'une hâte qui mettait en cause leur statut, ou faisant montre d'une aisance qui semblait expressément continentale ; d'autres pressaient frénétiquement le pas, leur veste sur le bras et la chemise déjà collée au dos par la transpiration au niveau de leurs épaules. C'étaient ces derniers qui se parlaient parfois à eux-mêmes dans leur course, comme s'ils répétaient leur défense en prévision de quelque accusation qu'on allait leur lancer à l'instant où ils pénétreraient dans le bureau.

Et puis il y avait ceux qui marchaient littéralement au pas sur le pont : la classe des cadres de la vieille garde, les métronomes du parapluie qui se tenaient droits, regardant fixement devant eux de leurs yeux larmoyants qui semblaient ne révéler que l'intelligence la plus bornée, mais qui véhiculaient un air de désapprobation totale de tout ce qui n'appartenait pas à leur monde.

Mais quel était leur monde ? Ils étaient une espèce en voie de disparition, des dinosaures même à l'époque, et bientôt leur City — presque celle des queues-de-pie et des cols cassés — serait ensevelie sous la nouvelle génération de l'architecture révolutionnaire et des jeunes gens maigres aux diplômes américains et aux passeports suisses. Et pourtant, l'idée de cette vieille garde subsistait dans le mobilier de ces bars à vins et de ces petites boutiques sombres, pleines d'animation, où des hommes aux cheveux argentés vendaient des chemises « fait main » à des diplômés aux corps bronzés et aux gros stylos. Mais il n'y avait que l'idée de la vieille garde qui subsistait : et c'était l'élément — il ressemblait davantage à un processus — qui m'intéressait. Qu'il y eût ici un bloc de la réalité mise au rebut qui demeurât présent dans une faible dilution de son ambiance, comme ces nouveaux pubs sur des chantiers de la vieille City où ils gardent bien en vue un fragment de maçonnerie médiévale derrière une feuille de Plexiglas bientôt recouverte d'empreintes de pouces graisseuses.

Non que j'en aie quoi que ce soit à fiche de la maçonnerie médiévale ou de la vieille garde de la City à cet égard. Non, ce qui retenait mon attention, c'était le fait d'être témoin d'une époque où la plupart des choses, y compris les espèces sonnantes et trébuchantes et notre perception de la réalité elle-même, étaient sur le point de se muer en une idée d'elles-mêmes. Peut-être en a-t-il toujours été ainsi, mais, vers le début des années quatre-vingt, j'ai commencé à remarquer la pression exercée par l'image sur la substance. Et cette pression s'est mise à m'importuner, comme une mauvaise chaîne de radio que vous n'arrivez pas à éteindre. Et je m'aperçois aujourd'hui que je n'arrive toujours pas à l'éteindre.

Pour en revenir, quoi qu'il en soit, à cette matinée du début de juin ; j'étais là, en train de traverser le London Bridge et de regarder les immeubles dont on eût dit alors qu'ils absorbaient la lumière, et je savais que le bleu du ciel se ferait de plus en plus profond à mesure que le jour avancerait dans sa course. Et je ne sais pourquoi, mais il semblait y avoir quelque chose d'antique, et de monolithique dans les flancs de ces grands immeubles qui faisaient face à l'éclat du soleil.

Et donc je m'arrêtai pour regarder encore : les

joyaux de lumière à la surface du fleuve et le menaçant édifice impérial de la City.

La journée semblait pousser à l'aventure, murmurer la promesse de quelque mystérieuse rue transversale dont l'exploration trouverait, au soir, sa récompense dans une expérience extraordinaire ; au crépuscule, lorsque les rues dégagées seraient feutrées et grises, colorées à leurs coins de touches de vermillon du couchant, j'aurais trouvé un trésor qui ferait de la City, et de tout ce qui s'y trouve ou en provient, mon bien. Je n'avais qu'à chercher.

Légèrement enivré à la pensée que j'allais en fait m'écarter de la routine, je m'attardai un moment de plus sur le pont. Je sentais sur ma nuque la chaleur du soleil montant tandis que j'hésitais entre une foule soudaine de choix. J'ai toujours été incapable de prendre des décisions rapides, comme plus d'un gestionnaire de branches l'a écrit sur mon formulaire d'évaluation annuel, et la décision de savoir quoi faire d'un jour de liberté volé — suivant si vite la décision initiale de ne pas me rendre au bureau — représentait presque trop pour moi. Mais j'avais aussi le sentiment d'avoir été mis au défi par la City, ou par Londres tout entier, non pas simplement de me montrer digne de sa complexité, de sa profondeur et de sa splendeur, mais aussi (dans mon arrogance) de prouver ma supériorité d'esprit sur mes collègues de travail qui, en ce moment même, se dirigeaient vers les bureaux qui leur étaient attribués en arborant l'expression, sereine ou inquiète, de ceux qui commencent leur journée un peu en retard.

J'étais déjà un hors-la-loi : un criminel qui dédaignait même la latitude offerte par les horaires à la carte. A chaque minute qui passait, comme je m'enfonçais dans les sous-bois de ce territoire interdit qui borde la voie droite et étroite des heures fixes de bureau, j'accumulais sur mes épaules une responsabilité de mon crime qui serait la première mise à l'épreuve de mon endurance. Bientôt, l'impression d'ivresse avait cédé la place à une sensation têtue de commotion, accompagnée d'un vertige réel que je ne pouvais attribuer qu'à la chaleur du soleil, ou aux nerfs. Les bords de ma vision périphérique se mirent à s'obscurcir. Je crus que j'allais m'évanouir ou vomir. Je gagnai un côté du trottoir et m'appuyai contre la pierre douce de la balustrade, en exerçant dessus une légère pression des mains. Comme je reprenais ainsi mon aplomb, et captais la plus ténue des brises du fleuve, je commençai à retrouver mes esprits. Mais je saisis presque avec gratitude l'occasion de ma soudaine chute vertigineuse dans la nausée. Il me fallait trouver une cabine téléphonique pour y téléphoner en malade.

Comme je tournais le dos aux travailleurs qui passaient, je me mis à éprouver le sentiment que tous les regards étaient sur moi, et je fis donc volte-face, en prenant cette fois bien soin de n'attirer l'attention de personne, et d'avoir l'air de prendre le temps de les juger. Ce n'était pas, à cette heure de la journée, un endroit où il était habituel de stationner ; et j'attirais sur moi une succession de coups d'œil obliques, dont aucun n'était en lui-même accusateur, mais dont tous — en raison de leur brièveté même et de leur apparente indifférence — semblaient dire : « Nous avons déjà croisé des gens de votre espèce, et nous n'avons pas le temps, ou, pour être franc, l'envie de nous trouver en quoi que ce soit mêlés à toute cette petite embrouille que vous pourriez concocter dans le but de ne pas vous rendre au bureau. Et à ce propos, si vous n'êtes pas avec nous, vous êtes contre nous. »

Mais la question n'était pas — n'est pas — d'être pour ou contre mes collègues de travail. Car d'aussi loin que je me souvienne, j'ai toujours éprouvé une égale méfiance pour l'autorité organisée et la rébellion organisée — pour la soumission à ce qui est conforme et la soumission à ce qui est non conforme. J'ai un penchant pour des aspects des deux, mais j'ai, semble-t-il, un réflexe qui me pousse à prendre le contre-pied de toute orthodoxie donnée. Montrez-moi un rebelle qui se pavane et j'aurai envie d'être un bourgeois dénué d'humour ; installez-moi dans une pièce remplie de cadres supérieurs surpuissants et je leur bâillerai probablement à la figure. Est-ce si bizarre, je me le demande ?

Pour moi, c'est simplement le sentiment d'être déphasé, qui est peut-être tout à fait commun, et à coup sûr patent chez certains représentants de ma génération qui sont nés à la fin des années cinquante et au début des années soixante. Nous avons ouvert nos yeux sur le bitume au crépuscule de l'austérité ; nous étions trop jeunes pour faire l'expérience des nouveaux mondes radieux de l'agitation et de la libération qui avaient façonné l'existence de nos frères et sœurs aînés ; et, pour être franc avec vous, tout ce que j'arrive à me rappeler de l'Utopie Orientale du pouvoir hippie — telle qu'elle est arrivée au sud de Londres, en tout cas —, c'est une odeur forte de toile à sac et de paniers en osier humides. Une odeur qui semblait définir ce que j'imaginais être le public des festivals gratuits, où des jeunes filles en jupes longues roulaient des joints soigneusement assemblés avec la même attention au détail que celle qu'apportaient très probablement leurs arrière-grands-mères aux modèles de broderie ; et à côté de ces jeunes filles, de jeunes hommes aux cheveux raides, aux épais favoris et aux visages d'enfants. Le tout sous un ciel blanc comme os.

Et puis encore une fois, nous étions juste ce petit rien trop vieux pour nous laisser prendre au ramdam d'un monde décrit par la publicité et les produits. Si nous n'avions pas envie de retourner à la terre, nous n'avions pas pour autant davantage foi en la rhétorique du commerce de détail. C'était le monde dans lequel toute chose s'était muée en une idée d'elle-même, où la vie ne possédait plus de vie intérieure.

S'il y a un trait distinctif qui caractérise la dernière

génération « commodifiée », ivre d'elle-même, de matérialistes culturels, c'est cette habitude qu'ils ont tous de parler sur ce ton de voix qui transforme leurs affirmations en questions. Ce réflexe d'achever une phrase sur un crescendo, comme pour forcer d'avance l'approbation, plutôt que d'apporter une preuve. C'est, semble-t-il, la marque du triomphe de l'obsession de soi-même, dont l'autre signe est le besoin de jacasser en permanence dans un téléphone portable.

Et tout cela semble lié à ce moment où l'image se fit pressante, et où tout se mua en son idée reçue. C'est là un processus dont on dirait juste qu'il s'est renforcé, comme une accumulation de graisse autour du muscle cardiaque fatigué. Mais qu'est-ce que j'en sais ? La plupart des gens plus jeunes savent selon toute apparence exactement où ils vont et combien cela vaut exactement.

Alors en quoi croyions-nous donc — cette génération qui était déphasée ? Je crois que nous étions surtout guidés par un profond sentiment d'inquiétude — que vous pourriez presque qualifier de subsonique ; et puis, peut-être à titre de conséquence, nous étions, socialement parlant, en complet porte-à-faux : à toujours tenter de prendre nos distances avec quiconque essayait de nous impliquer dans quelque chose. Et pourtant nous démarrions innocents, ouverts à l'empathie et remplis de compassion. Alors comment se fait-il qu'ensuite la compassion ait tourné à l'aigre et abouti à l'amertume ?

Peut-être serait-il plus juste de nous décrire — cette génération en porte-à-faux — comme ouverts de force par une certaine blessure à un âge de formation. Non que nous ayons, nécessairement, suivi le chemin de nos vies en titubant de douleur. Nous avons plutôt subi les hauts et les bas des courants thermiques de nos émotions : essayant des masques, en quête de dépendances, ou de dépendants, cherchant des gourous et donnant à maintes reprises dans le romanesque. Et une fois que tout cela avait échoué, nous avons opté pour la protection aux meilleures conditions qu'il nous était possible de trouver — nous les « hommes superflus », pour emprunter une expression russe.

Tout cela remonte, je crois, aux décisions prises durant l'adolescence. Lorsque nous finissions par nous aventurer hors de la maison, nos épaules voûtées et nos modes empreintes d'autodérision et de dérision de la mode exprimaient une sorte particulière de solitude. C'était la solitude de la chambre d'adolescent, séparée par la largeur d'un mur de celle de Papa et Maman, mais abritant un royaume privé dans lequel nous avions forgé notre moi secret en vue d'une bataille contre le monde extérieur qui n'était jamais complètement engagée.

Dans notre esprit, nous nous étions entraînés au cycle de la haine, de la gêne et de la maladresse ; nous étions les chemisiers des grandes filles, objets des railleries du professeur de football. Nous devînmes des autofacts — « auto-créations », dans un anti-style qui était à lui-même son propre commentaire : « Miss Haversham travestie en homme », placée sur un autel par la société en général (du moins nous plaisions-nous à le penser) et à présent boulimique du glaçage rassis de la poésie contestataire. A ce régime-là nous tentions de sortir le soir et semblions toujours finir par attendre sur des quais déserts.

Ce dandysme de notre jeunesse — qui se gaussait pareillement du morne professeur et du délinquant endurci — ne faisait, semble-t-il, que nourrir une désaffection à travers laquelle nous souscrivions à un sens de la futilité prématuré ; et de là, nous devînmes puritains, amers et desséchés, concluant que nous haïssions le monde parce que nous n'y avions pas trouvé de place.

Ce qu'on connaissait sous le nom de rock punk ne pouvait exister que durant quelques mois fugaces d'anarchie de bande dessinée ; et de tous les gens que je connaissais de cette époque-là — qui se coiffaient les cheveux en épis avec du gel K.Y., ou qui se faisaient arrêter pour vol de portemanteaux dans des poubelles, ou qui crachaient sur les joueurs de guitare basse et les loupaient — tous ont joué les trois « P » de la comédie punk, pour devenir éleveurs de porcs, postiers ou infirmiers psychiatriques ; les autres en ont trouvé un quatrième et ont trépassé.

Et donc je n'étais ni pour ni contre les autres employés de bureau qui me regardaient en coin, alors que j'hésitais par ce matin d'été sur London Bridge. J'étais simplement déphasé. Ce n'était rien moins que cela qui m'apparaissait tandis que je me joignais au reste des banlieusards qui se hâtaient, flânaient ou se pavanaient sur le pont. Je me mis à avoir plus chaud que jamais, mais en éprouvant, cette fois, cette impression de fraude qui accompagnait mon appartenance à ce groupe d'élite formé par ceux qui étaient autorisés à suivre leurs propres horaires.

Il existe dans le bas de la hiérarchie des employés de bureau une sorte de panique particulière qui s'installe à l'instant où il ou elle vient d'être officiellement porté manquant. C'est plus qu'un simple sentiment de culpabilité — en fait la culpabilité en tant que telle n'entre guère là-dedans ; bien plutôt, c'est l'indice d'octane élevé de l'appréhension qui résulte du poids promptement accumulé des explications, des mensonges et des excuses qu'ils se mettent à répéter dans leurs têtes. Attendu qu'à chaque mensonge ou excuse ou explication vous vous trouvez contraints de révéler un petit peu plus de votre intimité au bureau. Et c'est ce moi intime — ce moi inconnu — qui cuirasse votre dignité et préserve votre indépendance, lors de ces mauvais jours où vous éprouvez le sentiment que votre vie est devenue un carreau de paillasse, poisseux et empestant le café renversé du distributeur automatique.

Je suis superstitieux en matière de cabines téléphoniques, effectuant parfois des détours gênants rien que pour passer mon coup de fil d'une cabine particulière, dont je crois qu'elle sera d'une certaine manière propice quant à son résultat. C'est pour une large part une question d'atmosphère et de fidélité à des lieux de souvenirs agréables. Partant d'Oxford Street, par exemple, il y a un raccourci étroit pour Eastcastle Street qui a l'avantage de paraître toujours retiré du monde et tranquille. S'élargissant à l'extrémité nord, là où les ateliers et les salles d'exposition des chapeliers et des marchands de tissus forment leur propre enclave animée, ce passage ne possède pas d'autre particularité que l'entrée de service d'un pub — où l'on voit d'ordinaire une rangée de tonnelets en acier, à l'âcre odeur de bière éventée, et un alignement de cabines téléphoniques, cinq en tout, pressées contre la brique chatoyante d'un immeuble de trois étages.

Aux périodes de crise, quand la simple idée de passer un coup de téléphone suffisait à provoquer une impression mortelle d'oppression juste en dessous de mon sternum, je me suis souvent tourné vers cet endroit en vue de retrouver un calme que la situation de certaines autres cabines — le vacarme brutal, sans écran, de celles qui se trouvent en face de Centre Point, par exemple — serait incapable de procurer. Chaque fois que je suis dans une cabine téléphonique, je deviens extrêmement sensible à l'ambiance qui règne autour d'elle, comme si celle-ci faisait partie d'un décor de théâtre austère — située à gauche de la scène, par exemple, et éclairée par un projecteur en veilleuse qui relègue dans l'ombre le reste du plateau et fait ressortir les ténèbres béantes des coulisses d'une manière qui suggère davantage l'abandon que la menace. Vous pouvez en déduire que je semble avoir développé une vulnérabilité exagérée à mon époque.

Mais en cette occasion particulière que j'évoquais,

au début de l'été 1980, je me dirigeai vers une paire de cabines téléphoniques peu fréquentées que j'avais remarquées à l'entrée d'un passage qui partait d'Upper Thames Street. Ici, plus ou moins dans l'ombre de London Bridge, j'avais l'impression de me trouver au pied d'une falaise blanche, seul au milieu d'un tournoiement de mouettes à peine plus grosses que des particules dans le ciel bleu éclatant. Je me rappelle ce passage comme coupé en deux par l'ombre ; le soleil du matin s'accrochait aux briques noircies par la suie sur le mur d'en face avec une netteté qui pourvoyait de minuscules ombres jusqu'à la fourrure, semblable à des étamines, de la mousse qui poussait entre elles.

La lourde porte de la cabine, amarrée par des sangles en toile, ne cédait qu'à une traction résolue. Une fois à l'intérieur, je me mis à répéter mes excuses pour le bureau. Le classique et simple « je suis allé jusqu'à la gare et je ne me sens vraiment pas bien » avait, pour étayer sa véracité contrefaite, la vertu d'être proféré depuis une cabine téléphonique ; mais il y a dans l'ensemble une faiblesse dans l'excuse rebelle — « ... et je ne me sens vraiment pas bien » — qui, lorsqu'elle émane des rangs des simples employés de bureau, va à contre-courant de la crédibilité. N'importe qui à partir du grade de directeur de branche et au-dessus pourrait s'en tirer avec cela, mais venant d'un tâcheron... Mais je n'arrivais pas à trouver mieux, et la journée m'appelait.

C'est devenu un truisme que la plupart des cabines téléphoniques sentent l'urine mais, dans le cas de celle que j'avais élue ce matin-là, la tradition s'était surpassée pour fournir non seulement l'odeur d'urine, mais aussi, élégamment déposé dans un coin, un échantillon compact et tubulaire d'étron humain. J'avais déjà composé l'indicatif de zone du bureau de mon directeur de branche avant de le remarquer, et l'identification de la chose me fit hésiter.

Etant donné la situation de l'excrément, il était difficile de déterminer l'endroit où son donateur avait dû s'accroupir — à moins qu'il n'eût été simplement placé là, comme une mine antipersonnel, par des esprits enclins à la malice ; et j'avais cette énigme en tête en continuant à composer, d'une main d'automate, le numéro du minable poste de téléphone ivoire de la Grosse Val. La ligne s'établit, laissant place aux grésillements brefs, asthmatiques de sa sonnerie.

Tout le monde pensait que la Grosse Val, la directrice de branche, était également cinglée mais son surnom cruel et cette croyance générale étaient tous deux un rien à côté de la plaque. C'était une de ces personnes qui sapent le moral de tout le monde à l'instant où elles entrent dans la pièce — et peut-être le savait-elle. Courte sur pattes et large d'épaules, elle avait le visage empourpré de plaques rouges desséchées qui semblaient indiquer des allergies ou un excès de nicotine. Dès qu'elle se mettait au travail elle changeait ses chaussures pour des sandales à semelles de bois, dont le claquement, tandis qu'elle se trimbalait dans le bureau un dossier dans une main et une clope dans l'autre, semblait d'une certaine manière faire que le temps passe encore plus lentement. Et c'était à cause de cela, visiblement, que les gens la détestaient.

Vêtue d'un pull-over ras du cou informe et d'une mince jupe de coton descendant jusqu'aux genoux, elle portait ses cheveux raides (d'une couleur de blé détrempé) remontés vers l'arrière depuis le front en un toupet méchamment serré, attaché à la base par une paire d'élastiques pris dans l'armoire des fournitures. Quand je regardais les racines de sa frange, tirées si sévèrement de la peau rougie juste en dessous de la naissance des cheveux, les larmes me venaient aux yeux rien qu'à imaginer la traction exercée sur son cuir chevelu.

Bien qu'elle n'eût que dans les trente-cinq ans, la

Grosse Val faisait le tour du bureau avec une lourdeur et une mauvaise humeur qui laissaient supposer une vie entière de souffrance. Non qu'elle en fît tant que ça le tour : la plupart du temps, elle restait tout bonnement assise derrière son bureau à pousser des soupirs, brèves exhalaisons entre ses lèvres pincées, qui se muaient parfois en petits gémissements sourds, et offraient un commentaire suivi de son écrasante lassitude. Vous vous attendiez toujours à voir quelque chose se casser.

Comment décrire Waste, le service auquel présidait la Grosse Val, et mon premier véritable emploi de bureau ? C'était un service chargé des transactions en devises étrangères pour le secteur outre-mer d'une banque britannique en granit et en marbre, mais cette description, comme c'est le cas pour beaucoup de choses dans la vie de bureau, fait paraître Waste bien plus imposant qu'il n'était en réalité.

Le service lui-même ne représentait guère plus que les pièces sur cour d'un seul étage d'un édifice massif et orné à souhait de l'époque d'Edouard VII, dont l'entrée principale — remplie de cuivre briqué, de colonnes ioniques et d'un portier en livrée — donnait sur Eastcheap, mais où nous n'avions le droit de pénétrer que par une porte latérale. Cette entrée menait à une annexe, construite au milieu des années soixante, au coin de Fish Street Hill.

Tout dans cette annexe, ainsi que dans notre entrée, semblait lié à la couleur marron. Au rez-de-chaussée, les fenêtres de la façade sur rue étaient teintées en marron, et les voilages raides qui les recouvraient étaient teints en marron par la poussière et les saletés soufflées par les grilles marron des appareils d'air conditionné alignés sur toute leur longueur ; le dallage de l'aire d'accueil était marron, de même que les portes de l'ascenseur, et l'endroit tout entier paraissait imprégné d'une odeur aussi desséchée, moisie et renfermée que les boîtes en carton qui attendaient habituellement d'être jetées à côté de l'escalier sombre qui flanquait la cage d'ascenseur.

La cage de l'ascenseur et celle de l'escalier occupaient chacune une tour, pourvue d'une fenêtre oblongue — aux vitres constellées de traces de saleté marron par les gouttes de pluie séchées — à chacun de ses six paliers. Les encadrements métalliques de ces fenêtres avaient été épaissis de nombreuses couches de laque blanc cassé. En grimpant chez-Waste — dont la situation au premier étage rendait superflue l'attente exaspérante de l'ascenseur — vous entendiez la machinerie cliqueter et cogner dans la cage, et observiez, à travers la grille, les câbles noirs graissés qui se tendaient et montaient.

L'après-midi, cette cage d'escalier recevait les rayons du couchant et les ténèbres de chacun des paliers étaient rompues par des plages éclatantes de lumière ambrée. Vous devez vous rappeler que cela se passait en un temps où dans la plupart des bureaux la mécanique régnait encore largement ; même si l'ère des ordinateurs — cette grande secousse de l'évolution dans l'ascension du Cadre Unidimensionnel — approchait, l'atmosphère flegmatique des encombrantes machines à additionner et des piles poussiéreuses de livres de comptabilité subsistait.

En ce temps-là, il y avait toutes sortes d'articles d'équipement de bureau réservés aux initiés — des claviers bizarres joints à des systèmes compliqués de leviers, de rouages et de tiges, qui semblaient avoir des gardiens plutôt que des techniciens. Fourni officiellement dans le tiroir de chaque bureau en métal, il y avait un cendrier en papier métallisé et presque tout le monde fumait ; les jeunes employés prenaient encore leurs quinze minutes de pause café matinale dans le sous-sol obscur du vieux Kardomah Café sur Eastcheap, même s'ils avaient, peut-être, déjà la tête remplie des premières inquiétantes élégies de la musique robotique de synthétiseur.

Devant les doubles portes battantes qui menaient aux deux bureaux principaux de Waste, il y avait une bande de moquette marron usée jusqu'au caoutchouc de sa thibaude par la pression et la bousculade des employés, sans parler des énormes boîtes en plastique de dossiers et de papiers hors d'usage que les gardiens traînaient dehors au rythme d'environ une par heure. Les portes elles-mêmes étaient éraflées par les coups de pied, et il ne cessa d'y avoir, à hauteur de la taille, une lourde empreinte de botte, durant tout le temps que j'ai travaillé là.

Ces bureaux étaient, je suppose, une version de ce que Honoré de Balzac appelait « la cuisine de la banque » — l'arrière-cuisine de la finance, où toute prétention à l'exactitude ou au sérieux professionnel eût été un objet de moqueries à l'extérieur du bâtiment. De fait, en partie salle de classe, en partie atelier et en partie espace de bureau délaissé, Waste ressemblait davantage à une station d'épuration financière qu'à toute autre chose, située quelques marches plus bas, en fait, dans la chaîne alimentaire, que « la cuisine de la banque » balzacienne.

Si tant est qu'il fût possible que régnât, au premier étage, l'atmosphère d'un second sous-sol, Waste était dans ce cas. Même si les deux grands bureaux possédaient de longues fenêtres couvrant toute la longueur d'un mur, par lesquelles la lumière aveuglante des matins d'été vous flanquait la migraine en l'espace de quelques minutes, c'était une impression d'austérité et d'abandon qui émanait de l'endroit. Dans une moitié du bureau, il y avait les quatre longs bancs sur lesquels nous effectuions la plupart de nos tâches ; dans l'autre, il y avait toute une collection de machines qui traitaient, comptaient et encodaient des bouts de papier. A chaque nouvelle arrivée, la vue de ces machines inspirait l'effroi — on aurait dit des hybrides de machines à écrire et de métiers à tisser — et des fables atroces circulaient sur le vieux untel ou untel qui avait failli aller où va ici-bas toute chose en se faisant prendre par la cravate dans les engrenages.

Chez Waste, les nouveaux employés de la banque s'apercevaient qu'ils avaient sombré, tels des sédiments humains, des eaux de surface scintillantes du service du Personnel, cinq étages au-dessus. Je me souviens de la façon dont, lors de ma première matinée, la très digne Mme Doughty du service des Contrats m'avait finalement affecté dans les locaux minables de Waste ; et de celle dont, à chaque diminution du mobilier et de la décoration, à mesure que nous descendions de l'opulence attrayante et du confort douillet de son service — qui n'était que hévéas et canapés beiges — dans ces régions inférieures des armoires à dossiers cabossées et des couloirs exigus, un silence gêné s'établissait entre nous, comme si j'étais devenu la victime d'un abus de confiance raffiné, dont le piège avait été appâté par son discours mielleux sur les carrières et les promotions.

Au niveau des employés, Waste avait pour personnel des jeunes gens originaires d'East London qui venaient de terminer leurs études secondaires ; les garçons étaient pour la plupart crâneurs et vifs d'esprit, tandis que les filles avaient toutes l'air de trop s'ennuyer pour parler. Notre travail consistait, tous les jours, à faire le total des montants de milliers de chèques étrangers, et à les passer dans les machines à encoder qui imprimeraient sur chacun le numéro de compensation de la banque. Et à la fin de chaque journée ouvrable, Waste était censé produire un total général des devises compensées et encodées qui concordât avec un autre chiffre — fourni par des pouvoirs aussi éloignés de nous qu'un général de brigade l'est d'un deuxième classe. Trois fois sur cinq, lorsque la Grosse Val grognait le chiffre prévu de la journée au bureau qui attendait en silence — car si nous tombions juste nous pouvions nous mettre à ranger nos affaires pour rentrer chez nous — nous découvrions l'existence d'un écart de plusieurs centaines, voire d'un ou deux millions de livres dans nos calculs. Et comme notre tâche quotidienne se résumait à additionner des chiffres et à tamponner des chèques, il n'y avait pas d'autre solution que de répéter toute l'opération, en tentant de retrouver les chiffres qu'on avait laissé échapper et de démêler nos subtiles combinaisons de chiffres inversés (dues à la dyslexie numérique engendrée par les quatre heures passées sur une machine à calculer mécanique) qui, une fois remis en ordre, rectifieraient par magie notre erreur.

Les jours où nous étions « à côté de la plaque », les réactions individuelles des quelque vingt d'entre nous qui travaillions à cette chaîne de montage fiscale vous en disaient long sur le caractère de chacun, ainsi que sur l'attitude du service en général. La Grosse Val, s'appuyant contre la porte du box aux parois en verre qui lui servait de sanctuaire privé dans un coin du bureau, aurait à peine fini d'annoncer le chiffre astronomique du total étranger de la journée qu'un formidable cri d'exaspération, de rage et de désespoir jaillirait de nous, les tâcherons, au premier chiffre faux — ce qui signifiait, bien sûr, que celui du total l'était aussi. Il y avait là toute l'émotion de la proclamation des résultats du Loto d'aujourd'hui, sauf qu'il s'agissait des émotions inverses.

Ce rugissement collectif avait généralement pour meneur Luke, un jeune homme corpulent, dont le beuglement de « Connards de mes deux ! » aurait dominé les gradins d'un stade de football, et à qui Sally, sa voluptueuse petite amie aux lèvres charnues, qui travaillait aussi dans notre service, ne manquait jamais de lancer un regard de dégoût résigné à chaque étalage public de langage ordurier. A quoi Luke réagissait à son tour par une expression ébahie d'innocence bafouée avant de tourner, bras écartés et yeux écarquillés, en quête d'un soutien, un regard incrédule vers l'assistance.

Là-dessus, la Grosse Val se retirait de son pas lourd dans son bureau, trop dégoûtée et lasse pour faire quoi que ce soit. Devant elle reposait un impressionnant listing, de l'épaisseur d'un annuaire, dans les pages bleu pâle aux bords coupants duquel, au milieu de milliers de numéros imprimés qui n'étaient guère lisibles, se cachait la solution à notre problème commun. C'était un peu comme si nous étions pris dans les travaux d'un mythe classique, et que la Grosse Val se trouvait piégée dans les rets d'un mauvais sort de conte de fées ; il m'a toujours semblé, alors que nous nous traînions, nous précipitions ou nous appliquions à la besogne de repêchage des chiffres de la journée, que nous allions rester là un an et un jour.

J'arrive à me souvenir de la plupart des gens avec lesquels j'ai travaillé dans divers bureaux, au long des années : une légion de Paul, de Steve et de Pam, amicaux la plupart du temps, mais transparents quand on se les remémore, comme de la brume ou une télécopie qui s'estompe, et peu souriants. Hormis Luke et la Grosse Val, il y avait chez Waste deux autres personnes qui me faisaient une forte impression, c'étaient Les et Martin.

Ces deux jeunes hommes étaient, à tous égards, le contraire l'un de l'autre, à commencer par le fait que Les avait l'air d'un Mexicain efféminé alors que Martin était plus ou moins albinos. Les était grand et bien mis. Ses cheveux noirs, toujours figés par de la laque, étaient peignés en une haute vague au-dessus de sa tête et coupés de façon à ne laisser voir que les lobes de ses oreilles. On eût dit un casque de cheveux, du renflement de la frange relevée en arrière sur le front à l'épaisse ligne de la coupe en travers du col sur la nuque — une nuque « à la Boston », en fait ; et la tête brune émaciée de Les, avec ses yeux en amande couleur café, et son long nez souligné par ce qu'on appelait une moustache « à la Zapata », avait toujours l'air de se mouvoir indépendamment de son casque de cheveux laqués — dans la tradition comique des postiches mal ajustés. Les était de très loin le plus élégant des jeunes hommes de chez Waste, une composition cubiste de verts et de marrons, à stricts angles droits les uns des autres. Son pantalon vert mousse présentait du haut en bas sur le devant un pli en lame de rasoir, et ses chemises chocolat étaient toujours repassées de frais, du col au pan. Il portait des manchettes à rabats, fermées par d'extravagants boutons en argent sertis d'améthystes polies ou d'une pierre tendre marron appelée œil-de-tigre, qui ressemblaient à un berlingot luisant. Ses paires de souliers à semelles fines ne se comptaient plus, des escarpins en peau de serpent couleur d'anguilles en gelée aux chaussures de soirée en vernis noir barrées d'une chaînette en or sur le cou-de-pied.

Mais c'étaient les cravates de Les qui représentaient, pour ainsi dire, la signature de son chef-d'œuvre d'auto-composition. Toujours pourvues d'un large nœud, en forme de gros losange de satin bien net entre les cols arrondis de ses chemises marron, elles changeaient de couleur de jour en jour pour couvrir presque tous les tons du beige rosé au bordeaux. Certaines étaient brodées d'une explosion d'étoiles en fils de soie, tandis que d'autres présentaient des kaléidoscopes assourdis d'ombres bleu marine. On aurait dit un dictateur sud-américain déguisé en crooner sur un paquebot de croisière.

Comme les bureaux regorgent de plus de mythes et de légendes que la vision européenne de l'ancien Far West, le bruit courait chez Waste que Les était capable de calculer le montant total d'une liasse de chèques étrangers en se servant de son seul doigt mouillé pour les compter et de son don renversant pour le calcul mental. Les jours où nous nous étions trompés, et où nous en étions à l'ultime espoir de retrouver notre erreur, le mot circulait dans le service que Les allait procéder à un dernier comptage. Et tous alors de nous rassembler pour regarder le numéro, car Les était essentiellement un acteur, et nous étions son public, quel que fût le rôle qu'il choisissait. En premier lieu, nous étions les citoyens honnêtes et intimidés, massés sur les galeries surélevées de la Grand Rue pour regarder le fringant shérif emmener le tueur borgne. Après quoi, Les officiait plutôt à la manière d'un maître dans l'art des sushis, brouillant la vue par la dextérité de ses longs doigts fuselés tandis qu'il tranchait dans le chaos des chiffres bruts avec la précision chirurgicale de l'acier. Enfin, lorsqu'il avait retrouvé le coquin de chèque, il rejetait la tête en arrière en un dernier geste dramatique de triomphe et d'épuisement — presque comme s'il attendait que ses seconds lui passent une cape autour des épaules, ou qu'un jeune de l'école de ballet vienne lui offrir un bouquet de roses à longues tiges. Martin le traitait de grosse tante.

Tandis que Les était foncé de peau et Martin albinos, la façon dont l'apparence et le tempérament de l'un et de l'autre se répondaient, point par point, comme d'absolus contraires, s'étendait jusqu'au moindre détail. Les, eu égard à sa position dans la hiérarchie du service, était une sorte de maître d'équipage entre la Grosse Val et nous-mêmes. Sans cesse en train de virevolter entre le petit box surchauffé de la chef de service et les bureaux principaux de Waste, en arborant en permanence une mimique qui laissait supposer qu'il en savait beaucoup plus long qu'il ne voulait bien le dire, Les retransmettait les ordres fâcheux dans un langage que nous, les jeunes employés circonspects, comprendrions ; et vous pouvez être certains qu'il prenait toujours bien soin de laisser entendre qu'il était tout aussi exploité que nous — uni avec nous dans la souffrance.

Présentant la dernière injonction en date de la

Grosse Val à un tâcheron militant tel que Luke — planté en face de lui, les mains sur les hanches, d'un air obstinément récalcitrant — Les baissait la voix en un murmure pressant à mesure qu'il tentait d'obtenir de force un accord du plus dur à cuire de la bande, après quoi le reste d'entre nous basculerait. Et c'est à ces occasions-là que Martin, le fantaisiste et l'homme, se révélait le mieux.

Pâle mélange de parties du corps rouges et blanches, Martin était de petite taille et toujours vêtu d'un complet marron, d'un pull-over gris à col en V, d'une chemise blanche et d'une petite cravate squelettique d'une couleur terreuse indéterminée ; à ses petits pieds se trouvait une paire de chaussures lacées à bouts ronds, tout éraflées. Là où Les portait des chaussettes en soie, aussi diaphanes que les bas d'une débutante, Martin en avait de grises en coton dont l'élastique du haut avait craqué, si bien qu'elles retombaient en accordéon, révélant une plaque de chair sans poils, de la couleur du poulet froid, au-dessus de chacune des chevilles.

C'était ce dernier détail qui, plus que tout autre, semblait éclairer la réalité du personnage de Martin, celle d'un petit garçon boudeur, à qui l'on a refusé de se trimbaler avec une boîte d'allumettes, ou ordonné de laver ses genoux salis. Et c'était cette allure révélatrice qui paraissait en si complète contradiction avec la seule activité qui dominait les attitudes et la conversation de Martin — son appartenance à l'armée territoriale comme caporal du « génie ». J'avais de la peine pour Martin, car c'était sa volonté de se montrer dur qui trahissait le plus sa vulnérabilité. Bien qu'il fût connu de tous, non seulement chez Waste, mais aussi au service d'Entretien un étage au-dessus et à celui de l'Accueil et du Courrier un étage en dessous, comme un raseur d'ancien combattant de l'espèce la plus étouffante, j'essayais toujours de prêter l'oreille à ses interminables anecdotes (dans lesquelles il se mettait invariablement en vedette dans le rôle du vieux cheval de retour qui connaît toutes les ficelles, face au révisionnisme écervelé), la mâchoire pendante de stupéfaction devant sa propre astuce, et l'air ébahi devant la stupidité de ses détracteurs. Parfois, lorsque je me laisse embarquer dans la spirale de la haine et du dégoût de soi, je sais que je suis exactement comme Martin.

Martin s'imaginait le bureau comme une version civile de son peloton et il aboyait des trucs du genre « Flanquez-moi ce type aux arrêts ! » chaque fois que quelqu'un commettait une erreur, ce à quoi ses collègues répondaient, s'il s'agissait de personnes du genre de Roy ou de Luke, « Fais pas chier, le boutonneux ». Fréquemment privé d'auditoire, Martin trouvait au moins à qui parler en leur posant une question de la plus haute technicité à propos de l'Armée, à laquelle il leur était impossible de connaître la réponse — la façon correcte, par exemple, d'assembler les pièces d'une mitraillette. Le piège refermé, il se lançait dans une explication détaillée, sur le ton vigoureux, légèrement sarcastique, d'un adjudant-chef formant une nouvelle recrue.

Il essayait même ce truc avec les jeunes femmes du service, dont aucune n'avait guère plus de vingt ans, mais qui étaient toutes capables de regarder fixement droit devant elles, sans ciller, tout en imprimant un mouvement de rotation à un morceau de chewing-gum entre leurs dents du haut et du bas d'une façon susceptible de briser l'assurance d'un général à cinq étoiles. Cette expression indiquait tout l'impact de l'ennui, du mépris et de l'indifférence envers quiconque était assez imprudent, naïf ou stupide pour tenter de pénétrer le domaine cafardeux et auto-policé exclusivement féminin.

Il était bien connu dans tout le service que la seule chose qui fût susceptible de tirer toutes ces femmes, sans exception, de leur stupeur apparente était leur seule conversation entre elles. Mais Martin, inconscient de cette hostilité, continuait le combat et vous l'entendiez dire : « Mais je ne ferais pas cela si j'étais vous car le percuteur va lâcher », au-dessus du raclement indifférent des petites cuillères en plastique dans les pots de yoghourt vides ou des pichenettes désœuvrées sur les minces pages poisseuses d'un catalogue gargantuesque de vente par correspondance.

Il m'arrive parfois de penser que ce serait beaucoup plus facile de n'avoir à parler à personne au bureau ; si vous pouviez simplement emmener votre travail et vos sandwichs dans une petite cabine et rentrer chez vous quand vous avez terminé. Peut-être le pouvez-vous déjà. Ce n'est pas qu'au bureau les gens soient désagréables — ou en tout cas, ni plus ni moins que vous ou moi ne pouvons l'être ; c'est l'effort de toutes ces conversations, qui, sans le lien d'une sensibilité partagée, n'aboutissent à rien de plus qu'à une suite d'accommodements, menés en pure perte à leur inévitable conclusion. Jointures blanches des poings serrés dans les poches du pantalon, et bouches douloureuses à force de sourire, car les bureaux font virer à l'aigre la sincérité.

Le bureau est plein de sentiments ingérés, et c'est ce qui le rend si malsain ; c'est à cause de l'ingestion des sentiments que les gens deviennent susceptibles d'attraper une de ces maladies dont nous redoutons tous qu'elles croissent en nous — du cancer à la démence — la peur d'avoir un étranger à bord. Et c'est ce que j'appelle ma peur de la mortalité, qui est la même, je suppose, que ma peur du licenciement : « avoir un étranger à bord ».

J'avais probablement ce genre de pensées en tête, il y a longtemps donc, tandis que j'attendais dans ma cabine téléphonique que la Grosse Val décrochât. Pour vous dire la vérité, au moment même où je me représentais son téléphone, et ses rectangles d'adhésifs virant au gris, vestiges oubliés du temps où les étiquettes portant des numéros de postes utiles avaient été arrachées, je me sentais malade d'une ingestion de sentiments. La Grosse Val, présumais-je, enflée de mécontentement, de dégoût et de désespoir écouterait ma comédie du travailleur honnête égaré soudain par son mal invalidant en poussant un long soupir de colère et d'impatience.

Je la voyais, comme je l'avais vue auparavant si souvent, courbée sur le téléphone et tortillant le plumet de son minable toupet en poussant de grands soupirs à l'écoute de nouvelles importunes. Mais encore une fois, je défiais la puissance du bureau afin de gagner la bataille de la journée ; je n'arrivais pas à me défaire de l'humeur aguichante du matin : cette incitation à explorer la réponse au soleil de la City, sym-phonie d'impressions, qui trouverait sa coda dans le long chœur final du couchant — une journée de La Vie. Je...

« Allô, Waste. »

C'était la Grosse Val, enfin. Elle prononçait « wyste » dans un unique soupir dénué d'enthousiasme. Sur un ton courageux mais affaibli j'expliquais la difficulté dans laquelle je me trouvais soudain : les tremblements avant-coureurs de la nausée qui m'avaient retourné l'estomac la veille au soir, mais auxquels je n'avais pas prêté attention ; le fait que je m'étais senti *parfaitement bien* jusqu'à ce que j'arrive à London Bridge, mais la façon dont je m'étais alors de nouveau senti mal ; comment c'était peut-être le temps ou le lent et sournois poison d'un sandwich douteux. Je continuais à jacasser intarissablement, en prenant conscience que mes mots affaiblis tombaient comme du gravier dans les noires profondeurs d'un puits sinistre, sans la moindre éclaboussure en réponse. Cette fois, pensais-je, je devais réellement avoir dépassé les bornes. Finalement ma voix s'éteignit et les ténèbres semblèrent menacer de m'envelopper, d'où l'on entendrait bientôt s'élever le battement d'ailes parcheminées, au moment où la Grosse Val dépêcherait ses démons. Mais cette seule syllabe plaintive — « Bon... » — fut tout ce que j'obtins en retour. La Grosse Val n'aurait pu s'en fiche davantage ; et comment avais-je pu, moi, être assez présomptueux pour supposer le contraire ? Aujourd'hui, vingt ans après, je comprends pourquoi. Pour Valérie Mason, la malignité du bureau résidait dans sa constance ; sa dépression croissait, couche écœurante après couche écœurante, non pas en raison des crises ou des erreurs qui se produisaient, mais de l'impossibilité pure et simple d'échapper à une sorte de marécage d'ennui et d'irritation : une plainte assez commune, mais traduite par on ne sait quel processus bizarre dans la chimie de Val en une condition permanente qui l'alourdissait physiquement, et faisait de chaque mouvement un effort. Et je sais que je suis souvent exactement comme Val, moi aussi.

Les le virtuose avait-il des vues sur le poste de Val, attendant le jour où elle prendrait pour de bon un congé de maladie prolongé ? Malgré la rumeur j'avais pour ma part quelques doutes ; ce qui distinguait Les, c'était son panache, le numéro maîtrisé du patineur sur chiffres, saluant les acclamations sous le halo de lumière étoilée multicolore d'un réflecteur sphérique. Son truc, ce n'était pas le commandement, mais la spécialisation ; Martin, au contraire, s'il en avait eu la moitié d'une chance, nous aurait tous attribué des grades et des matricules avant de finir par se tirer lui-même une balle dans un bunker.

Mais je laisse tout cela derrière moi en rouvrant grand la lourde porte de la cabine téléphonique pour gagner le soleil radieux qui m'attendait au bout du passage. C'était comme de se glisser dans un bain chaud. Les nœuds dus à la tension, juste au bas de ma nuque, paraissaient se relâcher et se résorber ; je défis le bouton du col de ma chemise, ôtai ma cravate et la fourrai dans ma poche.

Mon itinéraire s'étendait à l'ouest : remontant Lambeth Hill et Friday Street vers la cathédrale Saint-Paul, et se poursuivant avec la lenteur de l'après-midi, pour cheminer en direction du couchant, par la descente de Ludgate Hill et la remontée par Holborn, via les ruelles et les cours, en suivant la poussière blanche et chaude des chantiers de construction et les cloîtres d'ombre frais qui bordaient les immeubles les plus hauts. Aucun dédale vénitien de venelles et de ponts ne serait, pensais-je, aussi romantique que ce voyage du marcheur solitaire à travers le vieux centre de Londres. Et aucun œil de touriste ne contemplerait le crépuscule au-delà du lagon avec un contentement qui égalât le mien quand ce soir je rejoindrais une fois de plus la Tamise. Car à ce moment, croyais-je, je serais en possession du roman de mon itinéraire. Mais, le savez-vous, j'ai marché toute la journée et rien n'est arrivé ? Ou plutôt, il est arrivé quelque chose de pire que rien : car j'ai perdu cet aperçu de l'extraordinaire, et cet instant de certitude dont j'avais fait l'expérience sur London Bridge, dans la demi-heure où je me suis lancé dans la quête de sa source. J'étais exclu des cafés et des foules, de l'animation grise des entrées de stations de métro, et des flots qui pressent l'allure à l'heure du déjeuner. J'éprouvais une tristesse lasse là où je m'attendais à de la magie ; comme si, loin des contraintes rigides de la routine du bureau, la journée avait perdu toute forme, le ressort de son mécanisme s'était relâché, au lieu de se renforcer, à cause de ma liberté dérobée. Et là était bien ma leçon.

Et c'est ce que je voulais dire à propos de cette terrible impression d'inutilité, de n'avoir nulle part où aller et nulle place : ces rares expériences de transcendance que la ville peut offrir comme des présents sacrés ne sont jamais données à la légère ; c'est tout un processus d'effort et de récompense, ou de travail et de salaire, qui octroie la vision inattendue au milieu du train-train quotidien, et qui vous donne, ne serait-ce qu'une seconde, l'impression d'être capable d'apercevoir au-delà du visible, parmi les rues et les visages sans limites, un lieu que vous puissiez appeler vôtre. Tous les romantiques, peut-être, sont au fond des pornographes — qui s'excitent d'un détail subtil, dont la promesse ne peut jamais être tenue.

# DEUX

Le train de banlieue bondé du matin, après avoir parcouru en cahotant dans un bruit de ferraille le dernier kilomètre entre Clapham Junction et la gare Victoria, pris de léthargie, vint lentement s'arrêter sur la morne travée de Grosvenor Bridge, un pont édifié pour les seuls trains de banlieue. L'élégance voisine de Chelsea Bridge ce matin-là se réduisait à une silhouette grise, aperçue derrière un voile de brume de la couleur des violettes. Juste derrière nous, les vestiges détruits de Battersea Power Station ressemblaient à une épave abandonnée, échouée au-delà d'un delta aride de voies et d'aiguillages. Les quatre grandes cheminées, qui se dressaient plus haut que la brume, recevaient à leurs sommets la caresse du soleil. De l'un des côtés de celles-ci, les grues délaissées paraissaient aussi fragiles que des squelettes d'insectes.

Je suis certain d'avoir un souvenir des vieilles péniches de charbon, amarrées sous le treuil, et du spectacle du minerai aux reflets argentés emporté sur la pente raide d'un tapis roulant. Il y a une mélancolie propre aux endroits déserts qui furent jadis animés : une sensation qu'il y a là des vies que le temps a dédaignées.

Comme il faisait froid lorsque nous avons quitté la banlieue — nous ne sommes, après tout, qu'en avril — les fenêtres des wagons ruisselaient de condensation. Ici et là, des passagers qui s'ennuyaient avaient essuyé un espace de la paume de la main ou d'une manche pour regarder à travers. Au moment où leur regard se figeait dans la contemplation des cendres blanchies, ou se perdait dans la brume, vous sentiez combien l'immobilité à l'extérieur avait réussi à pénétrer le wagon. Le froissement d'un journal, une toux brève, le claquement soudain des fermoirs d'une serviette : tous ces bruits se trouvaient amplifiés dans le silence de notre apathie, de notre résignation ou de notre impatience. Notre petit agrégat d'humanité, notre masse d'écharpes et de pardessus, de chaussures cirées, de sacs à main, de gants et de gueules de bois ne pouvaient défendre sa dignité qu'en apprenant à attendre. Un autre train vint s'arrêter à côté du nôtre, notre miroir.

Au sud du fleuve, au-delà du confort douillet des localités embourgeoisées de Dulwich ou Wimbledon, loin des chaudes lueurs de Londres proprement dit, il existe ce cercle des banlieues les plus éloignées d'où notre train part tous les matins. Pour quiconque a l'habitude de la rapidité et de la spontanéité de la vie urbaine, nos banlieues lointaines, avec leurs bibliothèques et leurs terrains de jeux, leurs restaurants de tandoori et leurs services municipaux, apparaîtraient comme rien d'autre qu'une photographie aérienne de la mort en acte. Si la ville est une machine de vie, certains considéreraient nos banlieues comme des machines de mort.

Mais nous nous trouvions tous de nouveau là, ce matin, à bord du 07 h 57 — en retard de huit minutes. Nous étions d'au-delà des murs — rustres débarquant à Athènes —, vêtements et cheveux imprégnés de l'humidité des parcs : cette odeur de pluie fine. Et une fois que vous avez bien fait bouillir la dinde grasse d'un lieu commun, vous vous retrouvez généralement avec un tas d'os extrêmement compliqué. Et je songeais à la façon dont nous sommes tous enclins à voir le monde comme divisé entre

Nous et Eux. En tout cas, c'est toujours comme cela au bureau : Nous et Eux ; et Eux se montrent toujours injustes envers Nous. C'est ce que nous nous disons mutuellement, pour nous en tirer.

Le bureau commence par le trajet. J'ai vu un jour des photos de ces trains au Japon qui sont aménagés comme des bureaux en miniature afin que les travailleurs puissent faire une demi-heure supplémentaire presque aussitôt englouti le *miso** du matin. Vous déshonorez l'entreprise si vous vous endormez. Mais en parcourant mon wagon du regard, ce matin, tout se passait plutôt comme d'habitude. Il y avait un jeune homme à ma droite qui corrigeait un bulletin local d'informations. Il portait un pardessus marron clair, serré à la taille, et n'arrêtait pas de regarder par la fenêtre en vagabondant dans ses pensées. Ses yeux étaient presque aussi pâles que sa peau et il avait une barbe qui n'était vraiment pas assortie. Il paraissait ne pas avoir d'aptitudes sociales, mais un enthousiasme passionné pour un unique sujet — qui eût pu être n'importe lequel, du rafting en eau-vive au ballet moderne. Ce qu'il y a, c'est que vous ne savez jamais ; et c'est essentiel pour la vie de bureau.

J'ai été si souvent surpris par des révélations soudaines quant aux intérêts personnels des gens dans le service en laissant de côté les rumeurs concernant leur vie sexuelle. « Graham fait beaucoup pour le Fonds Mondial de Protection de la Faune et de la Flore Sauvages. » Ou bien : « Wendy se passionne pour la danse folklorique. » Pour moi, la difficulté réside en ceci qu'il me reste encore à développer un langage qui me permette de discuter au bureau de la vie en dehors du bureau. L'amitié devrait être l'huile qui maintienne les rouages de la vie de bureau en état de fonctionnement sans heurts ; mais on

* En japonais dans le texte ; pâte de soja en français *(N.d.T.)*.

dirait qu'il y a toujours un grain de sable dans la mécanique, un fragment erratique de comportement ou d'information qui s'insinue dans les bureaux les plus faciles à vivre, et qui provoque un échauffement de la température. Le bureau suit un cours instable entre des rapports formels et un genre de vie familiale viciée — une grande famille dysfonctionnelle. Et bien sûr, le XXe siècle a été dominé par le conflit entre l'individu et l'organisation. C'est Eux et Nous, et rien d'autre.

Ces temps-ci, l'individualisme lui-même (Nous) est conditionné par l'organisation (Eux) pour être mis sur le marché en même temps que les logements pour ceux qui débutent dans la vie, les moulins à café et tout le reste. J'ai lu un jour un numéro du magazine *Oz* ; un adolescent de Reading a tout pigé, dès 1970 : « La tactique des médias est : emparez-vous-en, empaquetez-le et revendez-le-lui. » Ce n'est pas nous qui les avons infiltrés, mais eux qui nous ont infiltrés. A présent la révolution est un moyen dans le vent de vendre des choses. »

Beaucoup de gens ces temps-ci ne semblent pas se rendre compte — ou se soucier vraiment — du fait que l'organisation leur vend même le style de vie dont ils croient qu'il défie l'organisation. L'organisation voit dans leur jeu ; elle est très futée — experte dans les arts vaudou du marketing, du conditionnement et de la publicité. « Commodifier » l'individualisme est le moyen simple qu'a trouvé l'organisation pour gérer la perversité de la nature humaine. Si vous voulez vendre une voiture, emballez l'idée de protestation.

Ce matin, une femme était assise en face de moi dans le wagon, en train de lire *Le Maire de Casterbridge*, le menton enfoncé dans un cache-nez écarlate. Son marque-page vantait une chaîne d'hôtels qui possède aussi des ferries pour la Hollande. Elle s'était enveloppée dans son manteau aussi près du corps que possible, et chaque fois que l'homme assis à côté d'elle tournait les pages de son journal elle laissait échapper un bref soupir furieux et tressaillait. Elle avait l'air d'une de ces personnes qui ne peuvent effectuer un trajet un peu long dans les transports en commun sans aller se plaindre plus tard que le sac de quelqu'un lui cognait contre la jambe. Mais je comprenais son hostilité territoriale vis-à-vis de son voisin, dont les bajoues rubicondes se mettaient à enfler au-dessus de son col de chemise bleu pâle lorsqu'il atteignait le bas de la page. Son regard était vigilant et son expression reflétait, semblait-il, ce qu'il pensait de l'intérêt des nouvelles : « la nouvelle est-elle à la hauteur ? Je suis un homme équitable, mais occupé, et je n'ai pas de temps à perdre pour des nouvelles de second ordre. » D'ores et déjà, il avait jugé coupable une histoire d'une demi-page sur le projet de rénovation des centres culturels de la rive sud titrée : « Il est temps d'en finir avec ces horreurs. »

Au fil des ans, dans mes allées et venues au bureau, j'ai vu des quartiers entiers de Londres éventrés par les urbanistes sous le prétexte de créer une Utopie cosmopolite. J'appelle cela le processus de Mort par Cappuccino, et je date le moment de sa maturité de la régénération de Covent Garden au début des années 1980. Un jour, Londres ne sera tout entier qu'une seule boutique ouverte vingt-quatre heures sur vingt-quatre, pourvue d'une cafétéria de la taille de Pimlico. Il m'arrive souvent de penser que la recherche du Plus Petit Dénominateur Commun de Tout est en marche ; et que ce plus petit dénominateur commun sera sans doute une sorte d'hypermarché : le Ravitailleur Suprême.

Ce qui me plaisait dans le brutalisme de l'ancienne rive sud, c'était son indifférence au fait de plaire ou de repousser ; sous un ciel d'hiver, de la couleur d'une ecchymose vieille d'une semaine, ces façades en blocs de béton érodé avaient un air de gravité : elles paraissaient adultes. Et les espaces plantés de piliers en dessous d'elles, telles des grottes cachées remplies de lumière grise les soirs de printemps, ou les bunkers en surface des salles de concert et du musée, reflétant le ciel pommelé dans leurs longues et hautes fenêtres — ils semblaient respecter le besoin de méditation et d'enquête. Coiffé des couleurs, alternant en silence, de la sculpture au néon de Philip Vaughan, c'était ici un lieu où les idées n'étaient jamais destinées à être remplacées par l'image, un lieu inconfortable même.

Les soirs d'hiver, il y a des années de cela, j'avais coutume de regagner la gare de Waterloo par les pourtours désertés aux faibles éclairages qui reliaient les immeubles anguleux de la rive sud. Ces pourtours convergeaient sur une allée piétonnière surélevée, qui longeait tout l'arrière du Royal Festival Hall, et faisait face aux centaines de fenêtres carrées identiques de l'ancien bâtiment Shell. Des étendues de glace, noire dans l'éclat diffus de la lumière artificielle, craquaient sous mes souliers à chacun de mes pas ; de temps à autre, un vent glacé prenait de la vitesse, canalisé entre les immeubles en une lame ébréchée de froid qui transperçait sans coup férir mon vieil imperméable et me faisait baisser la tête en avançant. Et puis le vent retombait, et j'entendais de nouveau mes pas dans l'air immobile et glacial, comme s'il n'y avait aucun autre bruit au monde.

Parfois, je rentrais chez moi au retour d'un concert de l'autre côté du fleuve. En ce temps-là j'avais un ami qui s'appelait Paul, et il allait prendre le train à Embankment ou à Temple — son itinéraire se situait à l'est, jusqu'à Upton Park. Et ces souvenirs me rappellent que toute l'affaire des migrations quotidiennes peut être vue comme un voyage répété entre l'innocence chaude, infantile des banlieues, et l'expérience enivrante, volatile de la ville. C'était presque comme si je ne pouvais bourlinguer dans l'immense labyrinthe des rues de Londres, en quête de je ne sais quoi, qu'aussi longtemps qu'un fil me retenait attaché à la sécurité de la banlieue. Néanmoins, de façon d'abord hebdomadaire, puis quotidienne, puis plus ou moins permanente, je me retrouvais à penser : « Que se passe-t-il si vous ne pouvez plus jamais rentrer chez vous ? » Et je me voyais, spectre sur Aldwych ou Chancery Lane, condamné à marcher à perpétuité, serrant le col de mon manteau dans un poing malingre en tournant sans cesse en rond dans Holborn, Museum Street et les squares miteux et glacials de Bloomsbury. Je voyais une prémonition en monochrome dans laquelle les petites allées qui traversent Gordon, Montague et Russell Squares étaient dissimulées sous des amoncellements de feuilles mortes au milieu desquelles je pataugeais à l'approche de l'hiver. Il n'y aurait plus de trains pour rentrer : les horaires affichés des départs de toutes les gares du grand sud de Londres seraient impitoyablement vierges pour toute l'éternité...

Il y eut un brusque soubresaut, et le vrombissement croissant et trépidant de la locomotive revenant à la vie fut suivi de la mâle expiration de ses freins à air comprimé ; un soubresaut de plus, et nous étions repartis, glissant hors de la brume violette de plus en plus délavée — qui se consumait à présent sous l'action du soleil — et passant à grand fracas sur les derniers aiguillages qui franchissent ce qui, en argot technique, est connu sous le nom de gosier de la gare Victoria.

Vous sentiez l'atmosphère se détendre dans le compartiment, et, presque immédiatement après, les passagers se préparer à se reprendre en mains, dans ce collectif « nous revoici » qui, très probablement, donne aussi le coup d'envoi de chaque phase nouvelle de la réincarnation. Bientôt nous étions tous regroupés — agités, patients, distants ou têtus — dans une queue désordonnée vers les portes automatiques de notre wagon. Je regardais le dos et les épaules d'un homme aux cheveux châtains grisonnants qui portait un imperméable beige ; la paume de sa main pressait le coussinet en caoutchouc, qui, une fois le panneau « ouverture des portes » allumé, nous délivrerait tous pour suivre nos destinées respectives. Le train se traîna jusqu'à son arrêt final, et le dos de la main, prête à agir, fléchit.

Arrivant à l'une des gares principales de Londres à l'heure d'affluence, vous vous apercevez que, tandis que vous avancez tous en troupe vers le hall, vous regardez la nuque des gens ; peut-être entrevoyez-vous au-dessus de vous, très haut, de la vapeur qui s'échappe des conduits de refroidissement sur un toit. Vous passez devant la vitre en Plexiglas de la cabine du contrôleur de quai et vous voyez l'empreinte d'un coup de poing, et les fêlures qui rayonnent du point d'impact comme les fils d'une toile d'araignée.

Certains jours, la ville paraît se traîner au travail d'une humeur revêche, avec des queues, des retards et des jurons marmonnés. Ces jours-là, votre progression ne saurait pas davantage être accélérée que si vous vous trouviez dans la plus endormie des villes de province ; la patience, avant tout, et le détachement sont requis si vous voulez arriver au bureau sans vous écarter de l'*Autobahn** de la routine salutaire et vous engouffrer dans l'impasse de la fureur impuissante.

Depuis que j'ai commencé à travailler à North Row, j'ai été un usager quotidien de la gare Victoria. Pour je ne sais quelle raison, cela faisait l'effet d'une rétrogradation par rapport à la modernité musclée de London Bridge. Pour moi, la gare Victoria respire le West End : une artère commerciale, délabrée mais pleine d'animation, avec ses boutiques et ses kiosques. Dans la minuscule cabine d'un *Bureau de Change***, deux petites femmes des Philippines portaient des cocardes qui proclamaient : « Faites de

* En allemand dans le texte ; l'autoroute en français *(N.d.T.)*.
** En français dans le texte *(N.d.T.)*.

Jésus un Ami ». Le garçon qui servait les clients de la Bagel Factory avait l'air d'un jeune universitaire, qu'on a contraint à porter un canotier. Chez Knickerbox et à The Sock Shop, des femmes suspendaient des vêtements à des portemanteaux tandis qu'un torrent tumultueux de banlieusards passait devant leurs portes ouvertes.

Pour éviter ce flot de travailleurs se ruant à un rythme accéléré vers la station de métro, je fais généralement un détour par l'arrière du marchand de journaux qui sépare de fait la gare en deux moitiés : quais 2 à 8, et quais 9 à 18. Chaque côté a une personnalité différente, une tonalité propre trop subtile à définir, mais indéniablement distincte. Je n'ai jamais trouvé le quai 1. Quelqu'un au bureau m'a dit qu'il mène directement au Parlement, de sorte que, dans l'éventualité d'une attaque nucléaire — telle que nous la redoutions toujours dans les années soixante — les membres du Parlement puissent être transférés en vitesse dans un abri souterrain avant que la capitale ne soit atomisée en une simple feuille volatile de lumière blanche.

Tous les jours, je me dis que j'adopte ce procédé dilatoire de contournement par l'arrière du marchand de journaux, plutôt que de me laisser emporter par le gros de la foule des banlieusards, afin de prouver que je ne suis pas prisonnier de la corvée quotidienne. Mais pourquoi essayer de me le faire croire à moi-même ? La corvée quotidienne est une routine bienfaisante, lorsqu'elle est maintenue en place par la juste dynamique de l'effort et de la récompense, et elle vous assure une constance et une position dans le monde qui est aussi certaine que l'étoile polaire. Et pourtant nous prétendons tous détester le *vulgum pecus*.

Ce matin, comme tous les matins, je me suis arrêté à la petite cafétéria de la gare pour boire un café. Cette cafétéria — qui fait partie d'une grosse chaîne — est tenue par des Algériens affables, amateurs enthousiastes de kung-fu. Je les ai vus pratiquer leurs coups de pied à la tête sur des sacs de grains Blue Mountain non torréfiés. Il y a en général un exemplaire du *Tao de Bruce Lee* sur la table du personnel, entre le cendrier débordant et quelques pages détachées du journal du matin. Ils vous demandent toujours « Comment allez-vous ? » en cognant le filtre de la machine à expresso pour en extraire le marc. Il y a Ricky, Mustapha, Bruce et un type qui ressemble à un portrait du Messie créé par ordinateur. Comme ils ne me connaissent pas ils m'aiment bien et sont d'accord avec tout ce que je dis.

Aujourd'hui, j'ai pris ma tasse de café et me suis assis à l'une des petites tables en aluminium regroupées autour de l'entrée vitrée de la cafétéria. On voyait la lumière du soleil se répandre à travers la haute verrière surplombant les quais ; cela me faisait penser à un flot de lumière dans une cathédrale, et me donnait l'envie de partir pour un long voyage.

Face aux quais 8 à 2, je pouvais observer l'arrivée des trains de banlieue et de leur fret humain, ainsi que les premiers trains des heures creuses, pratiquement vides mais encore riches de l'odeur de leur chargement déversé, s'ébranlant de nouveau vers des gares qui seraient également vides. L'étrange brume couleur de violette se serait levée, et, loin du bureau, il y aurait en attente la menace d'une journée tout aussi vide.

Maintenant que je travaille dans le West End, dans un bureau qui est simplement connu sous le nom de North Row, je peux soit prendre le métro pour Green Park et marcher, soit prendre deux métros jusqu'à Bond Street et parcourir à pied une distance plus courte. Mais le matin, l'atmosphère de luxe et de territoire réservé à une élite qui règne autour de Green Park et du trajet qui mène à North Row, via Berkeley Square, me procure une légère sensation de malaise.

A cette heure du jour, où vous avez tendance à vous sentir si vulnérable, je trouve pénible de passer devant les boutiques et les salles d'exposition du quartier chic qui vendent des voitures de sport, des objets sumériens et des brosses à cheveux en plaqué or. L'idée d'une telle extravagance me fait me sentir légèrement gris et moite, comme celle de boire du cognac avant le petit déjeuner. A peine aurai-je accompli la moitié du chemin jusqu'au bureau qu'une immense lassitude semblera s'insinuer dans tous mes membres, se déposant telle une couche sédimentaire sur le lit noir de mes pensées.

Voici ce à quoi tout cela revient : j'ai l'impression soudaine d'être personnellement responsable de l'entretien permanent d'un mode de vie de débauche et de gaspillage dommageable ; ou encore, en levant les yeux vers les fenêtres des suites du Ritz, que le pur effort qu'exige tant de luxe retombe sur mes épaules sans défense — qui ont encore à reprendre leur force pour la journée. C'est là le symptôme d'un malaise fondamental, dont j'ai décidé de découvrir la nature exacte.

Cependant, je constate que j'ai besoin d'entrer, pour ainsi dire, dans ma journée par la porte de service de la courte remontée du côté sud d'Oxford Street depuis la station de Bond Street, jusqu'à l'embranchement de Lumley Street qui mène à North Row.

Mais ce matin, alors que j'étais assis à l'extérieur de la cafétéria de la gare Victoria et que j'observais les trains du matin, une jeune femme — qui, à vue de nez, devait avoir dans les vingt-cinq ans — vint s'asseoir à une table voisine. C'était une de ces femmes que vous voyez parfois — mais très rarement — pendant la journée de travail, et avec laquelle, par-delà le gouffre immense qui sépare les inconnus, vous rêvez un instant de commencer une sublime liaison amoureuse.

Cette femme, à mes yeux en tout cas, aurait pu passer pour la jeune Claudia Cardinale. Il y avait un je ne sais quoi dans ses yeux gris, son teint pâle et ses mains délicates, qui était immédiatement reposant : une ouverture dans son expression d'honnêteté irréprochable, généreuse envers le monde et confiante dans les convenances essentielles. Tout en elle, de la tresse de ses cheveux auburn à la manière alanguie dont elle croisait les jambes (elle portait un tailleur-pantalon anthracite, avec une sorte de pull à col roulé) semblait sourire de loin au monde.

L'adolescence devait avoir été pour elle un pays aisément conquis, d'où elle n'avait nul besoin de bannir la gêne ou le doute ; rien n'aurait résisté à la force de sa nature, qui était mue par cette même ouverture souriante à tout ce que la vie pouvait avoir à offrir, et qui s'exprimait dans la manière dont elle séchait ses cheveux, ou se penchait sur un côté pour attacher une boucle d'oreille, ou écoutait, sans ciller, toutes les paroles susceptibles de contredire son empire sur elle-même.

J'étais si absorbé dans ces rêves d'espoir et de nouveaux commencements que je crus que la femme s'était tournée vers moi pour me sourire ; je souris en retour, sentant les plis autour de mes yeux, et espérant répondre à la chaleur et à l'accueil de son regard par une expression d'amitié et de compréhension. Mais l'homme auquel en réalité elle souriait se tenait debout juste derrière moi. J'eus un petit sursaut de surprise en m'apercevant qu'il se trouvait si près et cognait la table, renversant mon café. Naturellement, la jeune femme ne remarqua rien de tout cela, et on eût dit qu'elle attirait l'homme vers elle de ses yeux souriants. Lorsque je me retournai pour regarder l'homme, il me fut impossible de la blâmer. Il avait sans doute largement passé la quarantaine ; ses cheveux coupés avec soin étaient argentés, son beau profil était maigre, et ses yeux, à lui aussi, étaient de ce ton de gris qui donne de la profondeur au noir des pupilles. Il était vêtu d'un costume bleu foncé, d'une chemise bleu pâle et d'une cravate bleu marine en tricot, à bout carré. Il avait un de ces imperméables onéreux, de la couleur du ciment sec, qui paraissent encore plus onéreux lorsqu'ils font beaucoup de plis.

Là se trouvait, à coup sûr, le type même de l'homme urbain fortuné d'âge plus mûr, dont la lassitude même a quelque chose d'érotique, et dont le goût hautement développé de la beauté l'a conduit à laisser de côté tout un harem de femmes sophistiquées — *habituées de la vie de luxe**, nées pour se prélasser sur des yachts d'emprunt — pour voler quelques minutes dans un café de gare en compagnie de cette jeune femme, dont les yeux sont assortis aux siens et dont la sincérité promet de transformer la vie en une aventure miraculeuse. En réalité, c'était son père.

L'accent de la jeune femme, entendais-je, avait cette sorte de nasillement enjoué que l'on entend tout le temps à Londres autour des boutiques et des bureaux : c'est un ton de voix déclamatoire, dans lequel les locuteurs ont en général tendance à commenter leur propre conversation. Je pensai soudain aux gens sur leurs lieux de travail, du côté de Regent Street ou de Hanover Square, assis derrière leurs bureaux en désordre, lorsqu'ils passent de très longs coups de fil. La jeune femme demeurait, à mes coups d'œil furtifs, aussi belle qu'auparavant ; mais en parallèle avait fait irruption le rééquilibrage du jugement, qui vous fait considérer les manières qu'affecte une personne pour vous venger de l'impossibilité de les connaître. C'est un trait de caractère méprisable,

* En français dans le texte *(N.d.T.)*.

symptomatique de son propre manque d'assurance. Mais c'est comme ça.

En m'éloignant du café, en direction de l'entrée de la station du métro de Victoria, je me souvins de la façon dont Paul me disait en être arrivé à un stade où il ne voyait plus que ses propres affectations, ou ce qu'il croyait être tel. Il souffrait d'un état de gêne permanente ; incapable de sortir de la spirale du dégoût de soi-même, il était devenu alcoolique. Le monde lui était devenu insupportable, sans autre recours que l'ivresse : l'ambition était vaine, la culture une plaisanterie et l'amour une impossibilité. A la longue, sans l'anesthésique de l'alcool, il ne s'estima pas de taille à affronter le choc de la vie. Il disparut trois jours et fut retrouvé inconscient au pied d'un distributeur de billets à Cricklewood ; lorsqu'on le réveilla, il retira cent livres et s'effondra de nouveau.

Six mois après sa sortie de l'hôpital, je rencontrai Paul pour boire un café au grand comptoir d'un restaurant italien de Charlotte Street. C'était par un dimanche après-midi d'hiver, d'un froid intense. La lumière dans la rue était aussi grise que le trottoir. Tout alentour se trouvait pris dans ce silence qui annonce les premiers flocons de neige, flottant entre les immeubles avec une insistance muette. Le restaurant, aussi spacieux et lugubre que n'importe quelle cantine, et sentant la friture, était décoré dans le style tyrolien, avec des chaises en bois peintes en vert et des fresques aux couleurs éclatantes représentant les lacs italiens. Il n'y avait personne d'autre à aucune des tables ; une femme italienne d'âge mûr aux cheveux noirs et à l'air renfrogné était assise derrière la caisse à l'extrémité du comptoir.

Paul était arrivé avant moi. Comptable de profession, il avait trouvé facilement un nouvel emploi ; ses employeurs précédents lui avaient payé une cure de désintoxication dans une clinique privée avant de le virer. Mais voilà ce que font pour vous les banques américaines ; là où je travaillais — ça devait être au début des années quatre-vingt-dix — vous auriez été heureux d'avoir un après-midi de libre. Je m'étais attendu à la représentation que l'on se fait habituellement de l'alcoolique qui s'est amendé, silhouette fragile se déplaçant comme si elle était en verre ; mais Paul avait conservé son apparence de toujours, sauf qu'il était plus clair de peau et qu'il avait pris un petit peu de poids — le chocolat me disait-il. La dernière fois que je l'avais vu — ou plutôt ce que j'avais vu de lui en dernier —, c'était son dos, alors qu'il poussait la lourde porte d'un pub bondé dans Holborn.

Ce jour-là, alors que je me tenais derrière lui, la chaleur et le bruit au moment où il avait ouvert la porte du pub m'avaient presque fait tomber à la renverse ; j'avais tiré sur la manche de son imperméable pour lui dire que je ne voyais pas l'intérêt d'entrer, mais ou bien il ne m'a pas entendu, ou bien il n'a pas voulu m'entendre. Il a disparu dans la masse de la foule, qui semblait céder à sa légère pression puis l'aspirer, avant de se refermer sur lui et de le dérober à ma vue. Mais de toute façon il se montrait plus ou moins incohérent à cette époque-là, et je n'avais pas été attristé de le voir partir.

A présent il était assis en face de moi dans le restaurant désert, plus embarrassé qu'autre chose ; il fumait cigarette sur cigarette, et il buvait son café brûlant en deux longues gorgées, comme s'il avait un gosier en acier trempé. Je l'interrogeai sur son nouveau boulot et sur l'endroit où il habitait, mais ni sur l'un, ni sur l'autre, il n'avait grand-chose à dire. Il passait, dit-il, des heures sur un vélo de santé, en récitant le Notre Père. Assez vite notre conversation avait pris l'allure d'une longue et morne rue, dont tous les embranchements se révélaient être des culs-de-sac. Je me rends compte, à présent, que ce que j'avais souhaité, c'était qu'il m'offrît quelque parabole sentimentale.

Aujourd'hui, en repensant à ce dimanche après-midi au moment où je dévalais les marches sales de l'entrée du métro, il m'est apparu que la vie elle-même s'était refermée sur Paul et l'avait englouti, avec une malignité bien plus grande qu'aucun pub ne l'avait jamais fait. J'avais rencontré Paul pour la première fois lorsque nous étions adolescents ; il fumait des cigarettes brunes russes Sobranie et avait en permanence le nez plongé dans un livre. Mais même la banlieue où nous habitions tous les deux — un dédale de rues tranquilles et d'avenues commerçantes sans couleur, qui s'étendaient autour de deux routes à quatre voies et d'une ligne de chemin de fer — semblait le piéger sous l'immensité de son ciel ouvert.

La City le sollicita dès sa sortie de l'université et il vit en elle le triomphe de la stupidité. Il aurait dû être un Burroughs ou un Ribaud — mais il les jugeait tout aussi stupides ; le tréfonds noir de son nihilisme n'admettait d'allégeance à aucune figure emblématique de la culture. C'était un esthète qui ne voyait que les ennemis de la beauté ; il brûlait tous ses enthousiasmes soudains. Le chanteur punk Johnny Rotten lui rappelait Old Man Steptoe, le vieux chiffonnier d'un feuilleton télévisé.

Je mettais Paul très haut sur un piédestal en qualité de Héros de Notre Temps. Il me faisait penser à une femme d'une grande beauté qui fait de son mieux pour s'enlaidir — mais j'étais trop naïf, ou trop stupide, pour prendre le temps d'examiner le bien-fondé de la chose. Mais Paul est demeuré, par intermittence, ma conscience intellectuelle, même si je ne l'ai pas vu pendant la majeure partie d'une décennie.

Le bureau de North Row est un immeuble en brique rouge de cinq étages, construit au début des années cinquante pour servir de local de secours à un secteur de l'Administration de la Fonction publique. Nous autres avons pris la relève à la fin des années soixante et, malgré beaucoup de modifications, les locaux eux-mêmes ont gardé un air indélébile, indestructible, d'austérité institutionnelle et bureaucratique. C'est un bâtiment conçu pour les chariots à thé, les voyelles bémolisées et les résilles à cheveux.

Mais il y a eu des changements importants.

Vous entriez dans l'immeuble par deux doubles portes battantes pourvues d'épaisses vitres enchâssées dans leurs encadrements métalliques. Un ascenseur vous faisait face — comme aujourd'hui — et un escalier flanquait l'ascenseur. A la gauche et à la droite du hall d'accueil, toujours dans la pénombre d'une sorte de crépuscule, des couloirs obscurs menaient, d'un côté, à la salle de la poste — qui était bruyante, masculine et spartiate — et, de l'autre, au bureau de l'état civil — qui était silencieux, féminin et aussi en ordre qu'une salle d'hôpital.

Le service Postal était dirigé par le Vieux Tom, un homme d'un certain âge au mauvais caractère qui inspirait le respect aux garçons solidement bâtis qui travaillaient sous ses ordres en traitant tous les autres employés comme s'ils étaient des crétins. Le Vieux Tom jouait le rôle de martyr de la procédure : un homme dont la vie avait été ruinée par l'inaptitude de tous les autres à remplir correctement la paperasserie du service Postal.

Les gens dans le bureau sont souvent décrits, et connus, par leur prénom assorti d'un adjectif liminaire ; le préféré du Vieux Tom était le Jeune Tom — un garçon asexué, au visage poupin, à peine sorti du lycée qui était toujours ébahi d'admiration devant la tactique de gros bras de ses pairs du service Postal. Il jouissait de la protection du Vieux Tom et virevoltait dans les secteurs les plus réservés du bâtiment en se pavanant comme un Lutin bureaucratique.

Autant les cavernes humides du service Postal sentaient la sueur, le carton et la fumée de cigarette, autant les pièces uniformément éclairées du bureau de l'état civil sentaient l'encaustique, le papier de photocopie et tout un mélange d'odeurs qui allait de la crème pour les mains au purificateur d'air à la fougère des Alpes. Les hommes avaient souvent peur d'aller au bureau de l'Etat Civil, car tout se passait en général comme si les femmes qui y travaillaient étaient absorbées dans une sorte de rituel sacré féminin nécessitant l'hygiène intime et les photographies des bébés.

L'Etat Civil était dirigé par une femme bienveillante à l'élocution douce, originaire de Beckenham, qui se prénommait Yvonne. C'était une de ces personnes qui sourient tout le temps, même quand elles se plaignent ; on aurait dit qu'elle avait été dessinée dans les années soixante, sans rien qui manquât du foulard au cabas, et elle avait toujours un mot gentil pour tout le monde. Son personnel se composait pour la plupart de jeunes femmes mariées ; l'une d'elles — je ne me souviens pas de son nom —, s'habillait en elfe tous les Noëls et poussait son chariot de courrier interne autour de l'immeuble attifée d'une petite tunique rouge et d'un chapeau pointu surmonté d'un grelot. Le reste de l'année, cependant, elle pouvait faire taire une salle entière d'un seul regard.

Mais ces descriptions de North Row, et de l'opposition du masculin et du féminin entre le service Postal et l'Etat Civil, ne peuvent s'écrire qu'au passé. Cet univers particulier — et le bureau devient l'univers pour les gens qui y travaillent — atteignit une masse critique à la fin des années quatre-vingt. A ce tournant, une puissante coalition entre l'Administration des services, la Gestion des Personnels et l'Audit Interne décréta que North Row devait se moderniser et se mettre au diapason de l'ethos du professionnalisme du secteur privé qui s'était peu à peu répandu hors de la City pour attiser les ambitions de presque tous les bureaux et toutes les institutions, des plus humbles aux plus imposants, partout à travers la Grande-Bretagne. A cette fin, l'Administration des services (ou le Groupe d'Administration des services, comme ils commencèrent à s'appeler) fit appel à la compétence et au panache reconnu d'un cabinet indépendant de consultants en image de marque : Arvonn Wysemann.

Pendant trois mois, North Row demeura aussi inerte qu'un patient drogué et fut sondé et palpé sous toutes les coutures par un essaim d'individus aux airs doucereux munis de planchettes porte-papiers, que tous les responsables désignaient comme l'Equipe Image de Marque — E.I.M. Monsieur Fallowfield, un alcoolique rubicond qui travaillait dans son propre bureau humide au quatrième étage, et que toute marque d'autorité faisait bondir, alla jusqu'à qualifier l'E.I.M. de commando. En fait, il essaya plutôt de se lier à eux, et vous pouviez voir les consultants employer tous les stratagèmes pour tenter de le faire virer. Mais en vain. Ce que l'Armée Territoriale avait été pour Martin chez Waste, Arvonn Wysemann le devint pour Fallowfield « La Tremblote ». A qui voulait l'entendre, il dressait la liste des nombreux talents du cabinet de consultants : homologation, solution des problèmes, psychologie du comportement, ergonomie industrielle...

Le premier résultat de l'étude approfondie par Arvonn Wysemann de la fonction, de l'image, de l'ergonomie et de la présentation environnementale de North Row fut de recouvrir le plancher de moquettes grises jusqu'au moindre centimètre carré. En conséquence de quoi, ce fut près d'un demi-hectare de parquet verni qui disparut. Ces moquettes grises se révélèrent, cependant, les ambassadrices d'une intention bien plus sinistre. Au fur et à mesure qu'elles envahissaient le bâtiment à partir de la réception, chaque secteur qu'elles touchaient faisait l'objet d'une révision drastique. Les premières victimes furent l'Etat Civil d'Yvonne et le service Postal du Vieux Tom : un réseau complet de traitement et de transmission informatiques des données fit de ces deux institutions un anachronisme. En l'affaire de quelques semaines seulement tout le rez-de-chaussée et son personnel ne ressemblèrent plus guère à ce ou ceux qui se trouvaient là auparavant. Retraites anticipées et délocalisations du personnel fleurirent comme les jonquilles à Hyde Park au printemps.

Les moquettes submergèrent tout de bas en haut, laissant dans leur sillage un bouleversement tel qu'on n'en avait jamais vu auparavant. D'anciens enclos et de vénérables réduits furent éventrés et exposés à la lumière brutale du Nouveau Professionnalisme, en prélude à leur destruction. Cela faisait plutôt penser au gazage des blaireaux. D'étranges personnages qui avaient passé le plus clair de vingt années à trimer paisiblement dans le train-train de la vie de bureau devinrent bientôt les cibles de la circulation d'enveloppes brunes — contenant les contributions versées par leurs collègues pour leur cadeau d'adieu. Et partout où la moquette grise exerçait son influence révisionniste, une gravure encadrée était suspendue au mur pour marquer son passage.

Ainsi, les chefs-d'œuvre de l'art moderne en vinrent à représenter le triomphe de l'ordre nouveau. Là où jadis le Vieux Tom et ses gars avaient flemmardé ou juré sous quelques tableaux en liège et un calendrier gracieusement offert aux pue-la-sueur par quelque représentant en articles d'imprimerie, des détails des *Nymphéas* de Monet ou des *Baigneuses* de Cézanne les remplaçaient à présent au-dessus des écrans et des claviers d'une douzaine de postes de travail. Les chatons dans un panier d'Yvonne disparurent pour de bon, leur enjouement mutin échangé pour les membres ombrés d'une ballerine de Degas.

Une certaine thématique historique servait de fil conducteur à la répartition ascensionnelle de ces gravures dans le bâtiment. Sickert, Whistler, Roger

Fry et Duncan Grant au premier étage ; Hepworth, Moore et Elizabeth Frink au second, et ainsi de suite. Au moment où elles arrivèrent chez Fallowfield « La Tremblote », tout à son tremblement dans les vapeurs de scotch de son quatrième étage, la volatilité de sa nature expansive se trouva tout sauf reflétée dans les gros échantillons d'expressionnisme abstrait qui marquèrent son éviction.

Ainsi donc, gravures et moquettes définissaient la manière dont Arvonn Wysemann arrachait North Row à l'apathie congestionnante de la Grande-Bretagne de l'Austérité pour le mettre au régime riche en fibres du professionnalisme des années quatre-vingt. Et ce à quoi paraissait se résumer l'ethos de ce professionnalisme, c'était au déni du droit à l'échec des individus. Une fois ces gravures accrochées, tout et tous se trouvèrent sous le coup d'une stricte procédure d'évaluation ; et au cœur de cette procédure, telle que ses inventeurs l'avaient définie, il y avait la fétichisation masculine des techniques de communication et de la technologie de l'information. Ce fut l'ère des cours de formation en camp d'entraînement, où vous deviez tous faire semblant d'être les différentes pièces d'un moteur, comme dans quelque bizarre chœur parlé du théâtre communiste des années trente.

Ce fut aussi l'époque d'une découverte marquante à mon propre sujet, à savoir que je portais la poisse à la technologie aussi sûrement que je faisais sauter les prises. Les ordinateurs se plantaient, les logiciels perdaient la boule et les systèmes sophistiqués de courrier électronique se mettaient à expédier à toute allure des messages à Dieu sait qui dans les détroits glacés du cyberespace dès que je posais ne fût-ce qu'un regard sur un tapis de souris. Je demeurais assis l'air innocent et déconcerté, devant l'écran à l'œil mort de mon terminal, tandis que des hommes trapus munis de bips accrochés à la ceinture, qui arboraient des expressions de gardiens de zoo exaspérés essayant de coincer un rhinocéros évadé, glissaient toute une série de disquettes de dépannage dans ma pile de mémoire. Et comme mon système s'obstinait à ne pas fonctionner, une totale incrédulité s'affichait dans leurs regards.

J'acquis de la sorte une réputation plus ou moins occulte dans le bâtiment, et il y avait des gens que mon influence maligne sur leur précieuse technologie effrayait franchement. Après tout, c'était sur ÇA uniquement, que reposaient presque tous les espoirs du bureau. Malgré cela, ils me gardèrent.

Le vieux distributeur automatique réfrigéré fut remplacé par un groupe de jeunes femmes élégantes qui arrivaient au bureau au milieu de la matinée en portant des paniers remplis de baguettes ésotériques et de yoghourts sans matière grasse. Des hommes et des femmes qui avaient occupé leurs positions de cadres moyens et supérieurs en faisant montre d'un certain cynisme pédant s'efforcèrent soudain de paraître dynamiques et affamés de résultats. Ils se traînaient à des réunions de petit déjeuner et parlaient une curieuse langue nouvelle constituée d'acronymes et d'initiales — « F.U.G. », « T.U.K. » et « H.U.R.L. » étaient mes préférés — avec un empressement maoïste à faire preuve d'orthodoxie.

Non que je gardasse, ou que je garde, une quelconque nostalgie ou sentimentalité pour le Vieux Tom, Yvonne ou le distributeur automatique : cet ancien bureau qui avait été enseveli telles les cendres d'une ville romaine sous les bandes de moquette grise.

Si demain appartient à tout un chacun, ils peuvent se le garder.

# TROIS

Incapable, comme d'habitude, de me mesurer à l'opulence de Green Park, j'empruntai la Jubilee Line jusqu'à la station de Bond Street. Quels que soient mes efforts, c'est pour moi un mauvais moment de la journée. Les tâches qui m'attendent me font l'effet d'être autant d'arêtes dans une bouchée de poisson. Tout alors m'apparaît comme informe, vain mais vaguement menaçant. Lorsque j'essaie de mettre le doigt dessus, c'est comme si j'essayais de me souvenir d'un cauchemar.

Ce matin, j'ai vu mon reflet inversé dans les glaces noires qui flanquent la rampe de l'escalier roulant du central West One. Cela se produit tous les jours et, tous les jours, je me rappelle une réplique dans un film : « Réfléchissons tous. » La formule jaillit dans ma tête comme un signal de blocage. Une autre formule qui survient de la même manière est « instants magiques » — tirée de la chanson de Perry Como.

Mais un jour, dans l'un de ces pubs du West End dont les moquettes sont noircies et poisseuses de bière renversée, et où il n'y a jamais nulle part où s'asseoir, je me suis retrouvé à observer un couple mal à l'aise, écrasé derrière une petite table à côté d'un distributeur de cigarettes. Autour d'eux, des cercles bruyants de buveurs augmentaient leur malaise.

Peut-être s'agissait-il, pour ce couple, d'un premier

rendez-vous, d'un rendez-vous entre inconnus ou d'un dernier rendez-vous ; l'homme avait l'air d'être quelque chose d'important dans le Philharmonique de Berlin : il était jeune, mais ses cheveux coupés très courts grisonnaient déjà et les lunettes à monture fine comme des fils de la Vierge qu'il portait sur le milieu de son nez aiguisaient ses traits raffinés. Il avait un hâle de skieur, et son apparence et son maintien vous faisaient penser à une école européenne moderne d'efficacité et de prospérité. Il était vêtu d'un costume noir, d'une chemise bleu pâle et d'une cravate dorée. C'est là ce que j'apercevais sous le court manteau noir — du cachemire au premier coup d'œil — que faute de place, il n'avait pu ôter.

Chaque fois que je pense à lui, je m'imagine une existence que j'envie : une existence parfaitement en ordre, conçue comme une suite d'efforts et de récompenses qui, à la fin des fins, conduirait à la récompense d'une heureuse et saine autonomie — séjours de cyclotourisme en Bavière, rien que vous, elle et l'ordinateur portable. Ou bien je l'imaginais achetant un véhicule tout-terrain et l'une de ces torches qu'utilise la police américaine. Mais au moment où je le voyais en réalité, il paraissait extrêmement malheureux.

La femme assise en face de lui, qui devait sans cesse enfoncer par saccades son petit tabouret de bar un peu plus loin sous la table à mesure que les groupes se mettaient à hausser bruyamment le ton, se sentait peut-être plus embarrassée que malheureuse. Elle était grande, avec de longs cheveux châtains qui tombaient en lourdes bouclettes entre ses omoplates ; son visage était pâle et de forme ovale, ce qui mettait en valeur le sombre cramoisi de son rouge à lèvres et le noir de ses grands yeux. L'angle des deux lignes de ses sourcils d'une finesse exquise lui donnait un air de gravité. Mais elle regardait simplement la table, vers un point situé juste au-delà de son gin tonic. Ce gin tonic paraissait tiède et aqueux, son verre ruisselant de condensation.

Dans sa tentative pour se pencher en avant, le jeune homme donnait l'impression d'essayer de trouver ce qu'il fallait dire pour apaiser une situation explosive. De mon poste d'observation, on voyait qu'il s'efforçait de toutes les fibres de son être de ramener à lui la jeune femme — ou en tout cas son attention — de derrière la digue de son silence. La femme, fixant toujours la table sans ciller, se frottait la nuque du bout de ses longs doigts, d'un geste vif, plein de nervosité. Ses yeux, ce faisant, s'étaient complètement arrondis, et son regard hypnotisé me rappelait cet instant où vous plongez vos mains glacées dans une bassine d'eau chaude et restez momentanément saisi de stupeur.

Mais alors son compagnon reprit brièvement son souffle et dit : « Réfléchissons tous » ; et elle leva les yeux vers lui en fronçant les sourcils, mais continua de se frotter la nuque. La calotte glaciaire du moment commençait à craquer, mais après s'être autant avancé, le jeune homme sembla perdre courage. Je n'entendis que les mots « pas nécessairement » et « calme » avant que la femme ne se mît, elle aussi, à fondre. L'accent de l'homme s'était révélé être d'Hounslow plutôt que de Hambourg, et le même nasillement banlieusard se retrouvait chez elle. Après cela, tous deux s'animèrent tout à fait ; elle porta sa main à sa bouche et rit d'une façon qui suggérait son plaisir d'avoir entendu quelqu'un d'autre dire quelque chose qu'elle avait toujours eu envie de dire.

J'ignore ce que ça dit de moi, le fait que je me sois autant intéressé à eux ; ou que j'aie été assez ébahi de l'entendre dire : « Réfléchissons tous ». L'ennui et la solitude peut-être ? Un réflexe d'envie à l'égard des couples que je vois ? Mais j'ai eu quelques amies au fil des ans. J'ai même vécu un bout de temps avec quelqu'un. C'est simplement que ça ne semblait jamais marcher. J'étais devenu renfermé, les femmes pleuraient beaucoup, semblait-il, ou s'ennuyaient, et ensemble nous nous retrouvions, pour finir, à traîner dans les magasins. Mais vous continuez à espérer, et à observer d'autres gens. « L'âme ne voit rien qui à la réflexion ne l'afflige », écrivait joyeusement Pascal. Et assurément ce jeune homme tassé entre le mur, le distributeur de cigarettes et le silence ciblé de la femme, avait paru affligé. Je m'étais senti l'envie de lui envoyer une fléchette en papier, sur laquelle j'aurais griffonné « Etes-vous dans un film de Fellini ? » Mais le pub était si sombre, si exigu, enfumé et bondé que je m'en allai peu après et remontai tout Mortimer Street à pied dans le froid mordant.

Dans ma vie j'ai été un dandy, un garçon de cuisine, un documentaliste porté aux nues et un idéologue méconnu. Lorsque j'ai bu un coup de trop, je parle de moi-même comme du « paratonnerre psychique ». J'attire le karma. J'ai même attiré le karma au cours de mon entretien pour mon emploi actuel avec Mike Bailey et Fiona Witherspoon. Lorsqu'ils m'ont demandé si j'avais des questions que je souhaitais leur poser, j'ai ressenti comme un afflux d'énergie — à l'instant précis où Mike tapotait avec son stylo bille la feuille de notes vierge devant lui. Parce que aucun d'entre nous ne disait la vérité quant à notre situation (le boulot était chiant et ils le savaient, et je ne voulais pas le faire, mais j'avais besoin d'argent), nous étions tous responsables de la perte psychique qui est toujours la conséquence de la mauvaise foi.

Les sièges dans la pièce où avait lieu l'entretien avaient des coussins orange, et des carcasses en bois griffées. Il y avait un chlorophytum planté dans une soucoupe poussiéreuse sur l'appui de la fenêtre. Derrière Mike et Fiona, écrits au feutre rouge sur un tableau blanc rectangulaire, il y avait les mots « ordre du jour » et « deskjet ». Pendant les quelques années précédentes, alors que j'entrais dans le club des personnes d'âge moyen, j'ai été perturbé par l'impression, au moment où je m'y attends le moins, d'être séparé de mon corps. Au cours de l'entretien j'eus soudain le sentiment d'être comme tenu attaché à l'ici-et-maintenant par un fil de concentration pas plus gros qu'un filet de bave ; d'être simplement en train de flotter, sur une sorte d'allée spatiale, quelque part près du plafond.

Nous hochions tous la tête et souriions et froncions les sourcils, accomplissant ce truc des emplois de bureau qui consiste à bien montrer qu'on communique. J'ai, semble-t-il, un sens très développé de l'empathie, et cela m'empêche de réussir, exactement comme l'ennui ou la colère ou les rêveries vous en empêchent. Je crois que je n'ai décroché cet emploi à North Row que parce que j'étais le candidat le plus âgé et qu'ils venaient d'embaucher un tas de gens vraiment jeunes pour toutes les fonctions voisines.

*

Ce matin, comme j'empruntais le raccourci des rues étroites au sud d'Oxford Street, passais devant la galerie d'art naïf et l'église grecque orthodoxe, passais devant les cabines téléphoniques placardées de leurs mosaïques de publicités pour des prostituées, passais devant les appartements résidentiels victoriens en brique rouge, et le vieux garage art déco, je m'aperçus soudain que le jour avait quelque chose de plus aigu que d'habitude. Vous connaissez la coutume de ces cartes portant l'inscription : « C'est aujourd'hui le premier jour de repos de votre vie » ? Eh bien, tel était l'effet que cela faisait soudain ; à ceci près qu'il me fallait traverser, ou franchir je ne sais quoi, afin de croire que j'allais bénéficier de ce premier jour nouveau. C'était comme de chercher à tâtons l'interrupteur dans une pièce obscure.

J'avais pensé au couple que j'avais observé dans ce

pub, ainsi qu'à tous les couples et à tous les cercles bruyants de buveurs dans tous les pubs du centre de Londres ; et j'avais la présomption de croire que je connaissais leurs vies, mais non la mienne. En cheminant vers le bureau, j'avais l'impression de voir un rideau de douche mouillé, lourd et mou, que son propriétaire avait à la hâte laissé à moitié tiré au milieu de la douche ; et les miettes de tartines sur la table de la cuisine, et le réveil à affichage numérique sur le magnétoscope, dont le soleil matinal, qui remplissait les pièces de l'appartement de Streatham ou Lewisham ou Boreham Wood, affaiblissait les lumières vertes.

Imaginer les foyers vides des gens pendant qu'ils sont au bureau m'amenait à imaginer les vies des inconnus : tout des couples, tout des co-employés. Cela commence toujours par un détail — les lumières du magnétoscope, le rideau de douche mou et lourd — pour s'étendre ensuite : le vélo tout-terrain dans l'entrée, les assiettes dans l'évier, le silence qui avait remplacé la conversation et les rires, les livres cornés sur l'étagère et les couverts dans le tiroir. C'est un truc sexuel, aussi bien, d'imaginer ces appartements et ces maisons.

En me rendant à pied à North Row, dans le West End de Londres, je me retrouvais à songer aux appartements destinés à ceux qui débutent dans la vie à Wimbledon ou Waltham Cross ; j'imaginais les senteurs persistantes de déodorant et d'atomiseur ; j'entendais le clac de la minuterie et le cognement assourdi du chauffage qui se met en marche. C'est la chaîne moléculaire des événements quotidiens, dont chacun déclenche le suivant, qui forme une routine pour notre sécurité. Juste avant minuit, je vois les trains quitter le terminus désert dans un glissement silencieux, comme si je les observais à travers une vitre antibruit. Je regarde leurs lumières rouges disparaître dans les ténèbres.

Tout au long des années quatre-vingt et jusque

dans le début des années quatre-vingt-dix, ma pin-up intellectuelle fut Titus Petronius Arbiter. Celui-ci était « l'arbitre des élégances » de l'empereur Néron, ou son conseiller en la matière, dont le dandysme dissimulait la lucidité avec laquelle il savait disséquer les mœurs et les manières de son époque. Dénoncé comme traître à Néron par un rival jaloux appartenant au premier cercle des favoris lettrés de la cour, Pétrone se donna la mort à sa convenance, en s'ouvrant les veines et en les renveloppant dans des bandages selon sa fantaisie, entouré d'amis, de mets délicats et de fleurs, tout en dressant la liste des injustices de Néron.

Dans le portrait érotique et réaliste qu'il donne de son époque, *Satiricon*, Pétrone a offert une description intemporelle des classes patriciennes. Causerie sur Nous et Eux. Sa narration du dîner donné par-Trimalcion, le millionnaire et poète autoproclamé, est particulièrement fine ; elle vous fait penser à toutes ces micro-célébrités obsédées par leur propre personne que vous voyez tous les jours vous sauter à la figure dans les kiosques à journaux, promouvant leurs carrières de merde dans ce qui ne relève ni de près ni de loin du divertissement.

Et donc je lisais tous les jours Pétrone dans le train, le mettant pour ainsi dire en avant comme mon champion. Mais à présent — ce matin pour être précis — je me suis retrouvé à grimacer à l'idée de cet enthousiasme. Je pense que des gens comme Pétrone voient peut-être le monde de manière un peu trop lucide, et que cela, malgré leur brio, les dépouille de quelque chose de vital. J'allais dire, les dépouille de leur humilité — mais ce n'est pas cela.

Il y a deux façons de voir le monde de manière trop lucide.

La première, qui est celle dont ont eu à souffrir Pétrone et mon ami Paul, consiste à ne plus voir avec le temps que corruption, stupidité, grandiloquence et cruauté de quelque côté que vous tourniez le regard. Mais la destination d'une telle vision sera toujours le désespoir : une haine du monde englobant tout qui reflète votre propre haine de vous-même. Imaginez-vous le dandy épuisé par son propre *ennui**, ou l'accro à la cigarette qui finit par considérer ses poumons noircis comme des miroirs de sa conscience troublée.

Néanmoins il existe une autre façon de voir le monde avec trop de lucidité, et c'est de voir, de manière tout à fait soudaine, ce qu'il en est de votre propre vie — sous un jour aussi clair que celui sous lequel les premiers rayons de soleil printaniers révèlent le jardin naguère assombri par l'hiver. Cela vous donne envie de procéder à un nettoyage. Cela vous donne envie — si vous vous considérez vous-même comme un bureau — d'entreprendre votre propre audit interne. Vous voyez soudain l'état de votre vie, non comme une pose, mais comme une accumulation.

Je me souviens de la façon dont, lors de mon quarantième anniversaire, je désirais retrouver tous les gens que j'avais connus lorsque j'avais vingt ans. Je désirais les photographier tous. La photographie permet de mettre les choses au repos, il m'arrive de le penser. Récemment, j'ai retrouvé ma vieille photographie d'école avec la trentaine de garçons qui appartenaient à la même classe d'âge ; elle a dû être prise au printemps de 1974, quelques mois avant que nous ne partions nous frayer notre chemin dans le monde. Nous étions regroupés sur deux rangs, l'un assis les bras croisés, l'autre debout derrière, et nous plissions le front, grimacions des sourires ou louchions sous nos lourdes franges à l'adresse de l'objectif d'un vieil appareil à plaques. Je me souviens de la silhouette en forme d'ogive du photographe, tapi sous son lourd linceul noir. Mais les garçons, et leurs

* En français dans le texte *(N.d.T.)*.

visages lointains, ressemblaient à des épaves blanchies de leur histoire. Je les voyais, pour ainsi dire, sur un banc de sable à une distance moyenne, à deux fois l'équivalent d'un jet de pierre du rivage. Notre dernier professeur était assis au milieu du rang de devant, ses grosses mains reposant sur ses genoux recouverts de flanelle et les traits adoucis par une expression proche du manque d'assurance, comme si c'était de sa part une audace que de jeter un coup d'œil à l'appareil photographique. Je n'avais pas gardé souvenir que sa confiance eût feint à ce point la timidité ; je me souvenais surtout du parfum d'alcool frais dans son sillage chaud tandis que je marchais à côté de lui et accélérais le pas au rythme du sien.

Mais je marchais vers une oubliette, qui me semblait avoir des kilomètres de large et de profondeur sur un terrain ardu ; j'en avais regardé de haut les contours depuis ma chambre d'adolescent, cette chambre éternelle : sanctuaire des rêves d'amour et de gloire, où l'infantilisme se mêlait à la fantaisie pour créer un lieu où se réfugier du monde extérieur. C'était dans la maison de mes parents, au bout du jardin soigné desquels, derrière la clôture banlieusarde, l'affaissement du terrain rendait plus pentu l'escarpement soudain dans ce que je m'imaginais être *une région de moi-même* où il me paraissait inévitable que je fusse oublié.

Dans cette appréhension de moi-même, où mes sentiments et le monde environnant se confondaient, c'était un lieu de voies sans issue, de clôtures en acier et d'école en brique rouge laissée à l'abandon, longeant une route lisse et grise dans le soleil éclatant du matin comme si c'étaient là des articles qui avaient été jetés d'un camion. Et là ils rouilleraient et se délabreraient, dans un étroit terrain vague. Et au bout de cette route grise, je gagnais Londres et le bureau.

Mais aujourd'hui j'ai pris le chemin des nouvelles

portes automatiques de North Row avec le sentiment très net que cette journée avait, d'une manière ou d'une autre, un caractère singulier. La puissance d'une saison me paraît à son comble dans ses premiers instants prématurés, lorsqu'elle se devance elle-même : quelques heures de printemps à la fin de janvier, teintant le crépuscule des jours, qui rallongent à peine, d'une couleur de violettes mouillées ; l'intensité de cette teinte pourpre, survenant telle une visitation, semble charger l'air entêtant d'un faible courant électrique, qui met les sens en alerte juste au-delà de leur portée. Aujourd'hui donnait exactement cette impression ; peut-être parce que nous avons eu dernièrement pas mal de mauvais temps, et qu'enfin il faisait beau et doux, avec de très rapides passages nuageux.

A North Row, je travaille dans le service de Brian Potter ; je suis Directeur de Groupe Adjoint (D.G.A.) dans l'équipe Silver Side, mais sans responsabilités en matière de gestion des produits. Cela signifie, techniquement parlant, que j'ai quatre assistants, mais la seule véritable différence entre nous vient de mon ancienneté par rapport à leur stage de formation. (Les autres jeunots auxquels j'ai fait allusion lorsque je parlais de l'entretien ont depuis longtemps quitté le terrier.)

Anne, Kate, Perry et Dave ont tous une dizaine d'années de moins que moi, et ils gardent une certaine distance vis-à-vis de mon bureau, ce qui est en partie une marque feinte de respect pour le plus âgé, mais vient en réalité du fait qu'ils préfèrent tout naturellement leur propre compagnie. Je trouve difficile de bavarder avec eux ; je faisais déjà partie des meubles à leur arrivée au bureau. Doués de la pénétration de leur génération pour ce qui est d'évaluer mérite et statut, et du dédain concomitant pour quiconque n'incarne pas l'ambition ou l'autorité, ils me reléguèrent vite dans leurs têtes à la rubrique « sans importance ». Mais ils n'oublient jamais de me demander si j'aimerais boire un café chaque fois que l'un d'eux va en chercher. Il n'y avait pas de méchanceté dans leur prompt jugement et leur traitement ultérieur de mon importance au sein du service ; c'était une évaluation totalement impersonnelle, fondée sur mon absence de résultats. Kate a un écriteau affiché sur son poste de travail qui dit : « La place de second n'existe pas ».

Notre bureau se trouve au troisième étage. Il y a des stores vénitiens gris sur les quatre longues fenêtres qui courent à hauteur de la taille le long d'un des murs. Dans le rebord en bois vernis sont incrustées les lamelles des gaines du circuit d'air conditionné. La vue est celle du coin de l'immeuble voisin, qui n'est séparé de North Row que par la largeur d'une rue plutôt étroite. Si vous vous tenez en retrait au milieu du bureau et regardez à travers les stores sous un angle légèrement inversé, vous avez une vue directe sur les deux fenêtres de la chambre du quatrième étage de ce bâtiment voisin. Il y a un an ou deux, une rumeur circulait à North Row comme quoi cette chambre du coin était utilisée par une prostituée ; par la suite la rumeur devint plus intéressante, affirmant que la chambre était habitée par le type bizarre, à l'air solitaire, qui semble se trouver en permanence dans les rues entourant le bureau — non pas tant en train de marcher ou de flâner, que de patrouiller dans le quartier.

Cet homme particulier est court sur pattes et trapu, d'un âge approchant peut-être les soixante-dix ans. Il a une tête carrée et ses cheveux blancs sont rasés à pas plus grand qu'une touffe de poils neigeux. Lorsque vous le croisez dans la rue, il s'arrête pour vous dévisager. A l'arrière de sa tête, il semble avoir une sorte de balafre, comme si quelqu'un lui avait donné un coup d'éplucheur à pommes de terre. C'était peut-être à cause de cette balafre que se développa au bureau l'histoire selon laquelle il avait une puce nanotechnologique implantée dans le cerveau, d'environ un centimètre de long, juste au-dessus de la glande pinéale. J'ignore la raison de ce luxe de détails, mais quelqu'un disait : « C'est toujours près de la glande pinéale. »

Notre bureau est divisé dans sa largeur par un îlot central de classeurs à hauteur de poitrine, au sommet desquels il y a deux yuccas rabougris, un répertoire de microfiches et un scanner. D'aussi loin que je me souvienne l'on n'a jamais touché à aucune de ces choses. Mon équipe, nous cinq, occupons les cinq bureaux les plus proches des fenêtres. Perry et Dave sont assis l'un en face de l'autre à une paire de bureaux, et Kate et Anne à une autre. Il y a dans le fait que mon bureau se dresse à part une indication ténue, guère plus audible qu'un vagissement de chauve-souris, quant à mon statut, mais cela pourrait tout aussi bien être pris pour un signe d'exclusion de la tribu.

Derrière mon épaule droite, encastré dans le mur de séparation, il y a un placard vitré qui contient quelques vieux annuaires téléphoniques, les deux classeurs à anneaux plastifiés bourrés à craquer du Manuel constamment revu des systèmes d'exploitation, ainsi qu'un vieux paquet de café hollandais décaféiné qui est à présent dur comme du bois. J'ai acheté ce paquet vers 1994, lorsque je conçus le projet de renouveler ma relation au bureau en y apportant quelques commodités domestiques — des accessoires exotiques, pourriez-vous dire.

Paul, je me souviens, eut un projet semblable, dans les années quatre-vingt. Il allait se venger de ce qu'il travaillait dans un service particulièrement collet monté de l'American Bank, en apprenant la cérémonie japonaise du thé. L'hygiène spirituelle faisait fureur en ce temps-là, et, si l'on y ajoute les planchettes de massage de la voûte plantaire sous le bureau et les fioles d'huiles énergisantes à tamponner sur ses points d'impulsion à intervalles réguliers, Paul suivait simplement l'allure. Néanmoins son enthousiasme décrut — en grande partie parce que ses collègues l'approuvaient — et il repiqua à la boisson. Voilà ce qu'il en est du cocooning ; provoquer la revanche du plaisir.

Ce matin, la première chose que j'ai remarquée en entrant dans le bureau, c'était une pile de caisses en plastique bleu au milieu de la pièce. Sur chacune étaient estampillés les noms de Stamford et Gitting et je les reconnus d'antan : elles avaient le caractère familier des décorations familiales de Noël et elles signifiaient que le service d'Affectation des Locaux s'apprêtait à nous reloger ailleurs. En fait ce service parle de ce processus comme d'une « migration ». Tel un troupeau de moutons, on nous envoyait pendant l'été paître dans de plus hauts alpages.

La seconde chose que j'ai remarquée, avec une vague d'irritation d'une sauvagerie disproportionnée, c'était une enveloppe brune, placée en évidence au milieu de mon bureau — comme une accusation — et qui contenait, j'en étais sûr, quelques modifications supplémentaires au *Manuel des systèmes d'exploitation*. « Potter », dit Kate, avec un sourire compatissant lorsqu'elle me vit la regarder d'un air méprisant.

Je suspendis ma veste au dossier de ma chaise et ressentis cette immense fatigue qui semble m'accabler au début de chaque journée de travail. Anne passait un coup de téléphone, riant alors qu'elle récapitulait par le menu ce qui lui était arrivé la veille au soir. Elle comparait des notes avec la personne qui se trouvait à l'autre bout du fil, et ne cessait de dire : « Non ! Non ! » sur un ton qui hurlait son désir d'entendre l'autre lui dire « Si ! » Lorsque enfin elle raccrocha, gloussant toujours, elle regarda en direction de Kate pour partager la plaisanterie, mais cette dernière s'apprêtait à parler à Simon Grinch du quatrième étage, connu comme l'Autre Simon. Anne leva alors un œil vers moi, mais se pencha de nouveau presque immédiatement sur son travail, comme si elle avait commis une erreur. Comme dans le cas du sourire de Kate, lorsqu'elle dit « Potter », ce geste réflexif me fit ressentir une fois de plus le gouffre d'indifférence, ou d'incompréhension, ou de différence de sensibilité, qui me sépare de mes collègues de bien plus que la largeur de la moquette grise qui sépare en fait nos bureaux. C'est dommage, car je crois qu'au fond nous étions tous prêts à nous entendre.

Mes quatre assistants, qui attirent le confort matériel comme par télékinésie, sont des élèves du boom économique de la dernière décennie. Ils ne connaissent que deux adjectifs : « excellent » et « brillant ». Tout ce qui n'est ni excellent ni brillant ne vaut, à leur avis, pas la peine qu'on en parle. La confiance qu'il faut pour condamner avec une telle assurance a été programmée dans leurs circuits ; ils n'ont aucune inquiétude — pas même une notion de ce que c'est. Ils savent précisément où ils seront dans cinq minutes, dans cinq mois et cinq années de temps. Déjà, Potter prépare le quatuor pour une mission plus haute ; pour être franc, presque tout leur travail est d'un poids plus grand pour le service que le mien.

J'aimerais juste pouvoir y attacher de l'importance, alors que je suis assis ici, brassant de l'air. Et puis j'ai commencé à me dire : peut-être qu'y attacher de l'importance était la raison pour laquelle cette journée paraissait se distinguer des autres ? Mais comment savoir, avec quelque chose d'aussi vague et d'aussi irrécusable qu'une humeur ?

En apparence, mes quatre assistants pourraient, dirait-on, former deux couples de frères et de sœurs. Anne et Perry sont tous deux du côté des gros, avec ces cheveux châtains sans vigueur qui ont la couleur d'une vieille clôture, et des visages légèrement arrondis. Ils ont aussi tous deux une peau pâle et des yeux bleus. C'est le genre de gens dont vous supposez automatiquement qu'ils sont aimables et pleins d'entrain. Lorsque Perry utilise un langage ordurier, cela fait un véritable choc.

Anne porte des cheveux coupés court, sagement, avec une raie sur le côté et une frange maintenue écartée de ses yeux par une barrette émaillée. Elle est vêtue la plupart du temps d'un tailleur pantalon bleu marine, et ses chemisiers, aux longs cols en pointe, ont l'air d'être en soie. Elle montre une préférence pour les coloris sourds de l'huître ou de l'ivoire, quelque part en suspens dans la contrée du blanc cassé. En général, elle porte un collier de grosses perles d'imitation, et sa montre est attachée à son poignet par une mince bande de cuir toute mâchée. Celle-ci a, dirait-on, pour elle une valeur sentimentale.

Perry — Starling de son surnom — est son pendant masculin. C'est un de ces jeunes hommes que les gens décriraient comme un « grand gaillard », mais à leur ton vous sauriez qu'ils entendaient par là « sur qui on peut compter » et « prévenant ». Il s'habille d'un costume bleu foncé, et son visage aux larges traits, presque de hibou, est partiellement dissimulé derrière des lunettes à lourde monture noire pourvues de verres épais. Lorsqu'il se met debout il remonte son pantalon et y rentre sa chemise ; et une fois de plus, sa matérialité corporelle passe pour de la bonhomie, un peu de la même façon qu'auprès de certaines gens les accents régionaux sont tenus pour un signe certain de sincérité. Mais lorsqu'il se prélasse derrière son bureau, lisant un fax ou autre chose, Perry pourrait presque passer pour un avocat progressiste.

Si Anne et Perry forment la solide moitié studieuse de la bande, alors Dave et Kate donnent d'eux-mêmes l'impression d'être maigres, fuyants et gauches physiquement. A les voir ensemble, vous pensiez qu'ils formaient l'un de ces couples dont la relation de longue date est fondée, par-dessus tout, sur leur ressemblance physique. Tous deux sont blonds, avec une peau légèrement hâlée et sans tache ; tous deux sont grands, sveltes et minces de silhouette. Kate est, en fait, le sosie de Dave avec de petits seins. Nous sommes ici en présence de gens nés pour commander : des chefs de classe naturels, à la voix forte et assurée, dotés de la confiance en soi nécessaire pour exprimer leurs sentiments sur n'importe quel sujet sans crainte des conséquences.

Ils sont tous deux le type de personnes qui semblent jouir du meilleur des mondes, et c'est ce qui les fait paraître si modernes : trois fois par semaine ils s'en vont tous deux à leur cours de gymnastique, sortant l'un derrière l'autre du bureau munis de leurs sacs de sport de marque. Et quatre-vingt-dix minutes plus tard, ils sont tous deux de retour, douchés et rayonnants, un sourire heureux découvrant leurs robustes dents blanches. Néanmoins, ils fument tous deux des cigarettes américaines à faible teneur en goudron avec l'assurance des gens qui sont certains de ne jamais sombrer dans la dépendance : ce sont des fumeurs sains, qui s'adonnent avec délices à leur bien-être.

Kate et Dave flirtent constamment l'un avec l'autre, sur ce mode public particulier qui consiste pour eux à s'insulter sans cesse, se taquiner et se donner des tapes avec ravissement. C'est comme s'ils ne pouvaient attendre d'aller au lit ensemble, mais se trouvaient bloqués dans des préliminaires qui accroissent leur désir mutuel, en même temps qu'ils expriment leur frustration extatique devant les contraintes qu'ils ont imposées à leur relation. Aucun d'eux, semble-t-il, n'est prêt à donner à l'autre la satisfaction de l'entendre en demander davantage. Tel est leur esclavage, qu'ils doivent trouver mutuellement érotique ; le bureau, après tout, est une Cocotte-Minute du désir, où la connivence se concocte grâce au confinement.

Dave a une vision parfaitement claire de ce à quoi ressemblerait son amante idéale. Le sujet se présenta un après-midi — c'était un vendredi — au détour d'une de ces conversations qui survient parfois au bureau vers la fin de la journée. Je ne me souviens pas de ce que les autres avaient à dire sur la question mais j'ai été frappé par la précision de Dave : « Une blonde allongée au soleil dans une B.M.W. noire, avec un dalmatien », proclama-t-il. Et je savais exactement ce qu'il avait en tête ; c'était un objet de désir tellement facile, aussi simple que de planter un pieu carré dans un trou carré.

Kate est, à bien des égards, le reflet terrestre de l'idéal de Dave ; à coup sûr, elle ne saurait être aussi bien roulée, complice et roucoulante d'excitation que la blonde de rêve qu'il imagine, mais c'est son étroite proximité du fantasme qui a donné à ses taquineries un pouvoir érotique si tenace. J'ai la certitude qu'elle est devenue pour Dave l'incarnation de la luxure.

Perry les considère avec une expression tour à tour de loup, de requin et de mouton ; il écoute Dave comme s'il le voyait tabasser quelqu'un. Kate apparaît et disparaît de leur conversation tel un courant électrique dans un circuit rural faiblard, sa sensualité clignotant dans le crépuscule de leur frustration. Et Anne, moins sûre d'elle-même, s'affaire de plus en plus à sa paperasserie — d'autant plus qu'elle feint d'être amusée. Elle trouvait que le petit ajout concernant le dalmatien était d'un ridicule achevé.

Il venait de m'apparaître que ce serait Simon Grinch qui finirait par embobiner Kate au bout de son fil poisseux de compliments, quand Dave franchit la porte en coup de vent et balança une autre enveloppe marron sur mon bureau. Ils faisaient une collecte pour le pot d'adieu de quelqu'un.

« Frankie du rez-de-chaussée » — Dave lança le nom avant que j'aie pu le demander, en prononçant « du rez-de-chaussée » comme si c'était le nom de Frankie : « Frankie Du Rez-de-Chaussée ». « Et Irène », ajouta-t-il.

L'enveloppe atterrit sur mon bureau dans un bruit

sourd, signe d'une trop grande quantité de petite monnaie, pour rassurer tant Irène que Frankie quant à leur popularité. Je maintins l'enveloppe ouverte à son point de chute et lorgnai à l'intérieur. Ces enveloppes sont toujours légèrement humides et rugueuses au toucher ; leurs encadrés d'adresses postales racontent leur circuit dans le service, sous forme de signatures et d'acronymes. Pour ces collectes, ils utilisent, semble-t-il, les enveloppes les plus vieilles ; à moitié remplies d'argent, elles dégagent une odeur de métal froid dans un tiroir poussiéreux.

A vue de nez, il y avait à peu près soixante livres en pièces d'une ou deux livres, plus quelques princiers billets de dix livres des hautes sphères directoriales, faute desquels l'absence de générosité d'icelles ne serait point passée inaperçue. Je me souviens d'y avoir laissé choir mes deux livres un peu après dix heures moins vingt. Je me levai de mon bureau pour aller remettre l'enveloppe à Kate, mais elle était toujours absorbée avec Simon dans une conversation qui semblait impliquer quantité de mots doux et de regards baissés. Elle ne me jeta pas même un simple coup d'œil, mais, au moment précis où je me rasseyais, elle passa le nez derrière Simon, sourit et dit « Merci ».

J'avais remis à plus tard le moment où il me faudrait parcourir les rébarbatives *Modifications du Système d'exploitation*, en partie parce que je n'ai jamais très bien su ce que j'étais censé en faire, en partie parce qu'il y a, également, toujours six autres tâches à effectuer. Je supposais que Frankie Du Rez-de-Chaussée et Irène auraient droit au traditionnel pot de départ : une réunion qui commençait au bureau avant de se transporter de l'autre côté de la rue, au Marlborough, un pub dont les installations pseudo-victoriennes sont un véritable poème, assemblées qu'elles sont par le chambranle gris brut de six télés grand écran.

Le Marlborough se situe à un angle du petit no

man's land qui sépare l'agitation d'Oxford Street de la tranquillité du monde très fermé des hôtels particuliers de Mayfair. Le pub était toujours censé être un lieu de racolage des dernières prostituées de Green Street, mais j'ai du mal à le croire. Ces temps-ci, ce sont surtout des touristes et des hommes en complet veston comme moi. Mais Barry Qui Est Parti disait toujours de son abominable voix rauque : « Ce sont des filles qui ont du bagage, voilà tout », sous-entendant par là qu'elles rencontraient leurs clients munies des accessoires du fétichisme dans un petit bagage.

Je ne saurais le répéter trop souvent : le sexe obsède le bureau. Et lorsque je travaillais à la City, c'était plus qu'une obsession. Le sexe semblait être dans l'air qu'on y respirait et le café qu'on y buvait. Par les chaudes journées d'été, de Blackfriars à Moorgate, on aurait dit que la luxure et les gaz d'échappement bouillonnaient ensemble dans les rues surchauffées.

Je me sens honteux lorsque je pense à Barry Qui Est Parti, car je crois qu'il voulait être mon ami et je trouvais son amitié pesante. Quand un collègue désire établir une relation d'amitié, vous êtes soudain investi d'une responsabilité nouvelle. Nous nous sommes rencontrés, Barry et moi, dans une mauvaise période de sa vie. Son père était mourant et Barry lui-même essayait de suivre des cours du soir. Il faisait grand cas de mes opinions sur les changements de l'existence.

Aujourd'hui, Barry apparaît comme un personnage d'un autre âge ; aussi archaïque et lointain, aussi vieillot, même, qu'un interviewé dans un documentaire télévisé du début des années soixante-dix. Mais même au milieu des années quatre-vingt, il paraissait vieux jeu d'une manière particulièrement caractéristique. A cette époque-là, porter, pour un jeune homme de vingt-sept ans, des combinaisons chemise-cravate aux couleurs coordonnées — les cols des chemises étant surpiqués et arrondis — avec un pantalon gris et des bottes à fermeture Eclair sur le côté, n'était ni normal, ni à la mode. Cela paraissait simplement bizarre ; et pourtant Barry n'était pas conscient de cette bizarrerie.

D'autres jours, il portait des chaussures de marche à lacets en cuir de deux tons, crème et bleu marine ; ses complets aux arêtes tranchantes étaient faits d'obscures fibres synthétiques, une sorte de polyester mutant peut-être bien, dérivé chimique issu de la manufacture d'emballage en plastique bullé. Il avait une coiffure de chanteur de cabaret d'une modeste ville perdue d'Europe : l'éruption contrôlée de sa frange laissait place à deux ailes arrière de cheveux peignés avec soin, qui lui rognaient juste les lobes des oreilles avant d'aller se poser, sur la nuque, juste au-dessus du col de sa veste.

Malgré cela, Barry possédait une élégance naturelle qui frisait la séduction. Il existait en dehors du *Zeitgeist**, incarnant la sincérité la plus profonde. Incapable d'affectation, même dans les numéros de vieux cheval qui connaît toutes les ficelles qu'il me destinait, il était mû par une authentique générosité que je ne méritais en rien.

Alors pourquoi l'ai-je laissé tomber ? Pourquoi ai-je trouvé son amitié même fatigante et abordé nos déjeuners ensemble — un sandwich de pub ou un hamburger englouti sous les lampes éclairant d'un éclat despotique les places assises en sous-sol — avec un serrement de cœur ?

Outre la spirale de la haine, il y a l'orbite de la gêne. Ces deux systèmes sont liés par les routes glissantes des sentiments ingérés. Mais une fois sur le circuit de la gêne, vous ne sauriez vous souvenir d'une seule occasion où vous n'avez pas été gêné ou gênant. Pour ce qui est de Barry, je crois que j'étais

* En allemand dans le texte ; l'Esprit du Temps en français *(N.d.T.)*.

gêné parce qu'il faisait un numéro à mon intention. Son rôle était celui du type au franc-parler : une version adoucie du Martin de chez Waste, en fait. Et, à ce qu'il semble, je me suis toujours mué en spectateur. Ce doit être un régulateur de l'intimité, que je n'ai éteint que dans mes rapports avec une ou deux personnes, et encore était-ce il y a longtemps.

Entre Barry et moi, la relation entre le spectateur et l'acteur était devenue confuse ; et ma gêne — elle ressemble souvent davantage à de la honte, ou à une peine partagée pour nous deux — pourrait se comparer à celle de quelqu'un qui a été invité à monter sur la scène, comme volontaire, pour une acrobatie qui a mal tourné.

Je n'ai rencontré la petite amie de Barry qu'une seule fois et j'ai oublié son nom. Cette rencontre a dû se produire il y a une douzaine d'années, mais elle semble rétrospectivement constituer un épisode d'une autre vie. Barry était très attaché à son amie (dont le nom pourrait bien avoir été Clare) et il m'en avait tellement parlé que, lorsque nous fûmes enfin présentés, il y eut je ne sais quoi d'irréel dans cette mise en présence effective.

La rencontre eut lieu au printemps. Je vois encore la lumière bleue du soir ; le trottoir qui paraissait récuré sur fond de bacs de jonquilles jaune pâle alignés devant le pub de South Audley Street.

Clare était assise sur un tabouret de bar recouvert de tapisserie à côté d'une de ces tables de pub noires au vernis épais ; elle n'était pas particulièrement grande, et elle faisait plus garçonnet de charpente et de silhouette, que menue ou mutine ; ses cheveux châtain foncé étaient coupés court au-dessus du col de son chemisier blanc. Elle portait même la jupe en daim marron que Barry m'avait décrite un jour. D'après ses genoux étroitement serrés l'un contre l'autre et ses mains posées sur ses cuisses, j'eus l'impression qu'elle était d'un milieu plus aisé et mieux éduqué que Barry ; que son apparente rudesse à lui, et sa délicatesse héritée à elle, étaient les qualités contraires qui les avaient attirés l'un vers l'autre.

Et peut-être fut-ce la raison pour laquelle, lorsque nous nous serrâmes la main, je ressentis qu'il y avait un je ne sais quoi de légèrement sur la défensive dans sa manière ; on aurait dit qu'elle avait peur que je la pense sortie de la même case sociale que son ami. C'est en tout cas ce qui arrive quand certaines gens se rencontrent pour la première fois, dans une situation susceptible de mettre en péril leur vanité ; il y a un échange, quoique codé, et quoique à contrecœur, pour affirmer que nous sommes conscients de notre rang. Comme les attitudes de la Vieille Garde de la City, ce trait a perduré, mais de manière déguisée.

Je pense que Barry avait dû me vanter auprès de son amie comme un « personnage intéressant ». Celle-ci semblait se comporter du mieux qu'elle pouvait. Une fois conclue la déclaration de nos positions respectives — mais sur une si haute fréquence des rapports sociaux que seuls nos sens à l'unisson en captaient le message —, Clare se montra très désireuse de faire plaisir à Barry en se montrant désireuse de me trouver sympathique. Dans un brusque changement des rôles, j'étais devenu l'artiste pour son public ; et, en l'espace de quelques minutes de station assise dans la pénombre du pub tranquille, je fus douloureusement conscient de la maladresse avec laquelle j'assumais le commandement qu'entraînait ce changement, et pour quel peu divertissant effet. La politesse de Clare ne fut que trop apparente, lorsque, poussé par Barry, j'essayai d'offrir une description amusante de l'homme à la puce nanotechnologique greffée dans le cerveau.

Barry, cependant, était devenu une tout autre personne à compter du moment où nous nous étions rencontrés tous les trois. Il se tenait debout juste derrière le siège de son amie alors qu'elle et moi nous nous serrions la main ; et alors qu'elle était demeurée assise, me regardant en souriant à pleines dents,

Barry avait semblé danser d'un bord à l'autre derrière elle, veillant à son confort avec une attention et une inquiétude qui prenaient la forme de petits gestes caressants autour de ses bras et de ses épaules, comme s'il n'osait pas vraiment la troubler par son contact — ou, plutôt, comme s'il gardait un œil sur une précieuse aura qui entourait de sa présence les contours de son corps. Il est possible de vous faire masser votre aura, vous savez.

A l'époque, je n'enviais pas particulièrement leur relation ; s'occuper de Clare ressemblait à mes yeux à un boulot à plein temps. Mais pour Barry, c'était une personne remarquable — vivifiante, à ses yeux — et elle le récompensait par de petites bribes de familiarité. J'avais l'impression que lorsqu'elle boudait il était impossible de l'imaginer épanouie et généreuse — exactement de la même façon que ses moments de plus grand bonheur réfutaient l'idée qu'elle pût jamais être de mauvaise humeur ou déprimée. C'était cette absence d'un état intermédiaire qui me faisait craindre pour la tranquillité d'esprit de Barry.

Lorsque je regarde mes quatre assistants, pour lesquels j'aimerais éprouver de la sympathie, je les vois comme les représentants d'une génération plutôt que comme des individus. Ils ont l'air d'exister comme un dépotoir à clichés ; ils vivent dans une culture de superlatifs, entièrement fondée sur le prélèvement des éléments les plus exagérés de tout. Mais dépouillés de leur contexte, ces éléments se sont vidés de leur sens, hormis comme signifiants d'une vague idée de l'extrême. Aussi privée d'imagination que débordant d'assurance, cette géné...

« Nous ferions mieux d'utiliser la 404. »

La voix de Brian Potter tonna dans toute la pièce ; je levai les yeux de mon bureau, où les encarts des *Modifications du Système d'exploitation* étaient déployés en éventail comme les tranches de melon d'un hors-d'œuvre de grill-room, et entrevis la lourde carcasse de Potter s'éloignant de la porte. C'est un type imposant : grand, large et doté d'une carrure puissante ; ses chemises paraissaient tendues sur les paquets roulants de muscles de sa poitrine et de son dos. Il est le dynamisme incarné ; il claque des doigts en arpentant le couloir d'une démarche légèrement fanfaronne. Avant la promotion de Potter, notre patron immédiat était un type qui avait l'air d'un furet et ne se mêlait pas aux autres, parcourant tout le bâtiment à la manière d'un intrus. Son nom était M. Figg, dit « le Sirop ».

« Bon. Nous savons tous de quoi il va être question », dit Perry, ramassant un bloc-notes à spirales et enfilant sa veste.

« Premier Point : Déménagement », dit Simon Grinch, qui ne savait pas très bien si Potter l'avait vu ou non tourner autour du bureau de Kate. « On a déjà été mis au courant. Vous allez devoir commencer à emballer vos affaires cet après-midi... »

Kate gémit et se frotta le visage avec les paumes de ses mains. « J'ai trop à faire, en ce moment, pour m'amuser avec tout ça. »

Sentant que l'humeur avait changé, Simon se retira. « A plus tard », dit-il, et d'un doigt replié il frappa un petit coup sur le coin de son bureau en se retournant pour partir.

« Ouais. A plus tard... » Le ton de Kate avait retrouvé une dureté de métal toute professionnelle. Mes assistants, comme je l'ai dit, expriment toute la gamme de leurs émotions par deux états d'esprit : extatique ou boudeur. A présent, ils boudaient tous. « Est-ce que je peux passer mes appels à Louise ? » demanda Anne. Et tandis qu'elle parlait, j'eus la sensation, juste au-dessus de l'œil gauche, d'un petit carré de glace engourdissant, de la taille d'un timbre-poste environ. Cela se produit souvent ces temps-ci, dirait-on : l'un des nombreux symptômes qui conspirent à me troubler ; des symptômes que je semblais n'avoir jamais éprouvés durant ces soirées bleues de printemps, il y a plus de dix ans, lorsque des personnages comme Barry se trouvaient encore dans les parages.

Quittant le bureau en compagnie des autres pour nous rendre à la salle de conférences 404, je me sentais honteux et déplaisant de ne pas aimer les attitudes d'une génération plus jeune, voire de penser en ces termes-là. Et lorsque je songe à Barry et à son amie — à ces déjeuners sur le pouce aux places assises en sous-sol — cela me paraît si lointain. Tout me semble foutre le camp ces temps-ci, et voilà que mon œil gauche s'engourdit.

La salle 404 est parfois utilisée par les hauts dirigeants pour des déjeuners privés ; en conséquence de quoi, elle a une odeur appétissante. Il y a de longs buffets sur toute la longueur d'un mur, qui contiennent, astucieusement dissimulées, des plaques chauffantes. Perry trouva un jour une bouteille de Bailey's Irish Cream dans l'un des placards. Aujourd'hui, douze chaises empilables — en plastique orange moulé avec des pieds en métal noirs — étaient disposées négligemment autour de la longue table. Anne ouvrit à moitié l'un des stores verticaux, en disant : « Voilà qui est mieux », lorsque la pièce devint plus claire.

Derek et Liam, des services des Locaux, étaient déjà assis à un bout de la table, vestes ôtées et manches retroussées. Le menton pointu de Liam est recouvert par une barbe soigneusement coupée qui accentue la minceur de ses lèvres ; il porte aussi ces grosses lunettes à montures carrées qui semblent avoir les faveurs des gens tournés vers la technique. Derek, un solide Cockney, a l'air d'un organisateur de tournées de groupe pop ; au moment où il s'assied, il ôte son bip de sa ceinture, le regarde, puis le pose sur la table devant lui. Sa technique dans les réunions est impressionnante ; on pourrait venir d'annoncer la fin des temps, qu'il dirait : « Quoi qu'il en soit, je vais avoir trente personnes sans bureaux, et elles vont toutes m'appeler au téléphone. Ou Dave, bien sûr... », ce dernier étant l'adjoint de Derek. Lorsque nous nous assîmes, Liam nous adressa un sourire ironique mais Derek ne broncha pas d'un cil.

Je pris un siège au coin le plus éloigné de la table, étirant mes jambes et fourrant mes mains dans mes poches. L'atmosphère de la salle était chaude et la moquette grise semblait la priver d'air. Il y avait une forte odeur de café de distributeur automatique arrivant par bouffées du couloir. Deux amants, de Chagall (qui portaient des couronnes de fleurs et flottaient au-dessus de Paris), nous regardaient avec des yeux rêveurs de derrière leur vitre de protection en Plexiglas. Les murs de la salle 404 sont tapissés d'un tissu de couleur beige — imitation soie sauvage, au jugé. L'endroit a l'air d'une voie désaffectée, donnant toujours une impression de vide même quand il y a des gens dedans.

Potter entra d'un pas martial et prit place au bout de la table ; il jeta un coup d'œil à la ronde pour vérifier que nous étions tous arrivés. Voilà un homme qui n'avait pas de temps à perdre en amabilités préliminaires ; un homme forgé dans le haut fourneau de l'économie d'entreprise avant d'être trempé dans les eaux réfrigérantes de la récession. Il se mit à parler, et mon esprit se mit à vagabonder ; d'abord parmi les fourrés de mes soucis immédiats, puis...

« Bien. Cela va être une source de désagréments pour nous tous, et cela nous aiderait énormément si vous pouviez juste... »

Est-ce le bureau qui m'a maintenu au sol, et qui me réduit à explorer ces fantasmes qui servent de substitut à la vie ? A quarante ans, dit-on, l'âme connaît des états et des doutes ; l'espoir et la crainte doivent en découdre une bonne fois, ou calculer le chemin qui reste à parcourir. Ma crainte, et ce doit être commun, est d'avoir un étranger à bord ; mon espoir...

## QUATRE

La voix de Brian Potter — maniérée mais déclamatoire, le rythme de la détermination — parvenait à mon bout de table comme avec les trois secondes de retard dont on fait habituellement l'expérience lors des communications téléphoniques par satellite. Alors, comme je commençais à partir à la dérive, réchauffé et détendu, entre conscience molle et paisible assoupissement, les accents du phrasé de Potter prirent une régularité qui s'accorda au rythme de ma respiration, et la résonance d'une psalmodie. Cela semblait contribuer à évacuer de mon esprit les pensées pénibles et dégager le terrain pour des messages porteurs de lumière.

Je n'étais ni endormi ni éveillé ; et j'accédais à un état qui était aussi éloigné du chagrin que de la gaîté ordinaire. Mais bien que j'eusse éprouvé l'impression de sombrer en moi-même, j'ai la certitude que mon attention a été requise par une question de procédure à laquelle j'eusse été capable de fournir une réponse lucide. C'était comme si une scène avait été dressée et illuminée dans ma tête, pour la représentation sans entraves d'un drame particulier.

Dans ma jeunesse je savais toujours si clairement où et comment je voulais vivre. Cela commençait par des lignes droites. J'ai été élevé, esthétiquement parlant, aux étagères en Ladderex et aux couloirs aux murs revêtus d'acier qui signalaient un quartier général planétaire dans les séries télévisées d'espionnage de toute la seconde moitié des années soixante. On pourrait dire que je me suis fait les dents sur la séduction d'un bureau où le boulot d'espionnage international — du côté administratif, en tout cas — était mené dans la même atmosphère d'efficacité tranquille que l'on peut attendre des hautes sphères de toutes les grandes compagnies.

Hormis les œuvres de Titus Petronius Arbiter, le seul livre qui m'ait vraiment impressionné et que je transportais partout avec moi, durant tout l'été de mes dix-neuf ans, était *The Organization Man* de William H. White. A mes yeux, ce livre expliquait point par point le métier de vivre, que ce soit comme allégorie ou comme analyse, et je relisais les phrases finales de White avec la même ferveur qu'aurait pu ressentir un autre garçon en achevant *Sur la route*. La conclusion de White sur le sort de l'employé de bureau était un tract que j'appris par cœur : « C'est un avis misérable et démoralisant que de soutenir devant lui le rêve qu'il n'y ait pas dans l'idéal de conflit entre lui et la société. Ce conflit existe toujours ; il doit toujours exister. L'idéologie ne saurait souhaiter l'écarter ; la tranquillité d'esprit offerte par l'organisation demeure une capitulation, et elle ne l'est pas moins de l'être en toute générosité. C'est là le problème. » Dans mon édition, figurait à la suite un appendice : « Comment tricher aux tests de personnalité. »

En ce qui concerne l'univers de métal brossé et de miroirs des agents secrets, j'étais entiché de ces hommes raffinés et polyglottes qui s'habillaient de costumes droits en mohair et finissaient toujours mutuellement leurs phrases avec un air d'ironique mais robuste camaraderie. J'aimais la façon élégante dont ils sirotaient leur café noir dans de profonds canapés en cuir, tandis que leur Contrôleur ronchon mais paternel — aux sourcils broussailleux en tweed

— les informait des faits et gestes du dernier scélérat turc. En ce temps-là, l'ennemi était si évident.

En tant qu'enfant de la banlieue, moins enchanté par la violence suave de ces agents secrets que par leur tenue soignée — leurs raies sur le côté, leurs attachés-cases, leurs stylos à ondes courtes — je faisais des dessins d'installations de bureau aux lignes pures, les découpais et les collais au mur de ma chambre. C'étaient les emblèmes d'une supériorité cachée : un pouvoir décrit par des lignes droites, expression moderne du dandysme.

Je contemplais la haute ligne d'horizon des tours de Croydon — comparée, d'après leur allure, au centre de Johannesburg — et rêvais de la compétition spatiale des tours de bureaux de Luna House, Apollo House et Zodiac House. Aujourd'hui, diabolisées et lugubres, ces tours âgées d'une trentaine d'années ont un air d'abandon, même si elles sont encore en usage. Lorsque j'étais enfant, elles promettaient La Vie.

Mais cette appréciation était aussi, même alors, un équilibrage ; car j'aimais aussi la pastorale pastel de notre modeste jardin de banlieue et les friches au-delà de la clôture... Jusqu'à aujourd'hui, le soleil sur des pelouses de banlieue me fait penser à la solitude d'une banlieue trahie : que l'innocence de ces fidèles jardins a été échangée pour la poursuite des charmes d'une perspective de béton, et qu'en voulant les deux, on a perdu les deux.

Je pense souvent que je suis trop disposé à évaluer ma vie en termes de perte ; et c'est cela que je désire redresser : les romantiques regardent toujours en arrière, dans une tentative pour retrouver cette fraction de seconde d'infinies promesses, avant que leur rêve n'ait été circonscrit.

En 1976, Paul avait une petite amie qui s'appelait elle-même Christine Kleenex ; les dix-sept ans trapus, elle s'était coupé presque entièrement les cheveux avec une paire de ciseaux de cuisine et avait teint ce qu'il en restait en un bleu sombre d'encre d'écolier. Elle habitait avec sa sœur cadette et son frère aîné dans l'une de ces grandes cités que l'on aperçoit encore de la District Line lorsque le train file vers l'est au-delà de Mile End. Ses parents semblaient n'être jamais à la maison.

Le style de Christine et sa maturité m'inspiraient une admiration craintive. Je me vois à l'époque : les dix-huit ans dégingandés, avec des poignets maigrelets et une bouche tombante, qui n'avait jamais embrassé. Aucun de mes vêtements ne m'allait vraiment tellement j'étais décharné, et je n'avais pas du tout de style — rien qu'un plan, que je savais par cœur, et auquel j'ajoutais tous les jours. Christine Kleenex prenait le bus habillée d'un justaucorps noir, de collants résille et d'un imper en plastique transparent rose chewing-gum. Elle avait changé son nom de famille pour celui de Kleenex et griffonné « BIG SISTER VOUS REGARDE » sur la vitrine d'un sex-shop à King's Cross. Lorsque nous essayions, Paul et moi, de jouer les rebelles, elle n'y accordait pas la moindre attention.

Moi qui avais espéré que nous donnerions tous les trois l'image d'une sorte de solidarité, cela me désarçonnait ; au lieu de celle-ci, les commentaires de Christine sapaient à la base toute position confortable de supériorité supposée. J'ai dû être contrarié de la manière dont elle le faisait, mais je l'admirais tellement que je n'ai jamais discuté.

Elle resta avec Paul pendant près de deux ans. Mais alors que nous étions, Paul et moi, fascinés par le crépuscule gris du punk, toujours en attente d'un nouveau morceau de musique susceptible de résumer notre expérience de l'errance dans les faubourgs de Londres, à lorgner par les fenêtres des autres gens, Kleenex laissa tout tomber, y compris son nom réinventé. Elle se mit à suivre une formation pour devenir infirmière psychiatrique.

Paul se mit à boire comme un trou. Je pris à tort

son désespoir pour une aliénation aux choses de ce monde, avant de le voir disparaître sous la surface de la foule dans ce pub de Holborn. Comment les couples en viennent-ils à rompre ? C'est toujours la même chose, semble-t-il, tout bien considéré. Une soirée arrosée ; une rue de maisons attenantes. La réception de quelqu'un que vous ne connaissez pas. Les téléphones.

Ces souvenirs font l'effet de ne m'avoir jamais quitté, et pourtant je ne me rappelais pas avoir pensé à Christine depuis des années. Mes pensées me ramenaient aux tout premiers jours au bureau, et au trajet en train de West Croydon à London Bridge ; je me rappelais la façon dont le paysage changeait, des dos des maisons à perte de vue et des Edwardiana envahies par la végétation des banlieues les plus éloignées, via Forest Hill et Anerley, jusqu'au déploiement soudain de Londres même, au-delà de New Cross : les cités informes qui s'étalent le long de la rive sud du fleuve, sous un ciel qui paraissait trop grand, passé Millwall F.C.. et la vieille City Mission, jusqu'à la gare de London Bridge.

C'était avant la reconstruction de la gare ; aujourd'hui, le hall sent le plastique chaud et le papier plastifié ; à l'époque, il avait encore l'odeur de la suie et des cendres, et le parfum lourd de moisi du vieux capitonnage du British Rail. Et les passagers qui débarquaient semblaient transférés d'un état à un autre ; pour moi, cet instant du transfert était la pulsation même de La Vie.

Quand j'avais à peine plus de vingt ans et que j'étais déjà attaché au bureau, je désirais être un anthropologue urbain à l'allure de dandy — d'où Pétrone et *The Organization Man.* En partie agent secret, en partie spécialiste des sciences humaines, je deviendrais, grâce à la seule acuité de mes perceptions, quelqu'un d'à la fois aristocratique et blindé. Et mon dandysme serait l'articulation subtile de cette position. C'était très différent du simple fait de m'imaginer comme un esthète : un esthète est en général quelqu'un qui contemple des objets uniques dans des pièces vides à part cela. Je voulais étudier la ville dans sa totalité. De la même façon, je ne crois pas m'être fait la moindre idée des anthropologues urbains comme d'une espèce universitaire, rôdant dans les départements des facultés, de plus en plus aigris de l'accueil réservé à leurs notes en bas de page.

Ma conception de l'anthropologie urbaine valait beaucoup mieux : du romantisme sur mesure. Un gisement de détails de la vie urbaine moderne sous le microscope d'un examen informé. Vous pourriez appeler cela une forme de naturalisme exacerbé, ou de lucidité progressive — cette sorte de vision qui vous permet d'étudier la société en observateur indépendant et de tracer la courbe de ses moindres secousses.

Ce serait être, à bien des égards, le contraire du paratonnerre psychique : plutôt un scanner pour enregistrer les moindres couics et couacs du *Zeitgeist*. En un autre sens, j'eusse été semblable à un géologue, mais dressant la carte des contours et des strates des statuts sociaux, non de la terre. Si tout se transformait en idée et en image de soi, alors je répondrais, à mon tour, en décrivant chacun des auteurs et des véhicules d'une telle imagerie *comme un type* — susceptible d'être classifié, désarmé. (En ce qui concerne les arts, il serait élémentaire que la seule culture qui connaisse jamais le succès, en tant que denrée culturelle, soit celle qui flatte l'humeur du *Zeitgeist* à n'importe quel moment donné — qu'elle soit farfelue, rêveuse, défoncée, courageuse.)

Comme il siérait à ma position sociale et à mon autonomie, je serais bien sûr luxueusement logé dans quelque enclave de bleu métropolitain : au bord du fleuve, quelque part entre Tower Bridge et Greenwich Pier. L'immeuble serait une tour brutaliste de quinze étages, aux fenêtres de balcons du même vert mat que la Tamise à marée haute ; les dalles de béton armé feraient un trait distinctif de leurs arêtes brutes, enrobées de gravillons de silex scintillant. Et de mon grand appartement du dernier étage je serais l'analyste et le synthésiste de tout ce que j'ai observé ; comprenant l'immensité de la condition humaine en sachant pourquoi les gens faisaient seuls les boutiques, ou portaient des cravates criardes ou des parfums citriques, ou se mettaient à faire de la gymnastique, ou préféraient une teinte naturelle pour leurs meubles. Et alors j'aurais gagné.

Ce petit rêve, de m'élever des besognes de la vie d'employé de bureau à un mode supérieur d'activité indépendante, m'a probablement accompagné une bonne partie de la décennie. Je me préparais constamment à ce rôle, répétant mon chef-d'œuvre tandis que je tanguais et titubais en compagnie des autres passagers debout dans le métro entre Bond Street et Bank, ou que je faisais du lèche-vitrines à l'heure du déjeuner. Je me considérais comme un témoin vital des événements — et non comme un simple employé de bureau parmi d'autres, vêtu de la tenue de combat de son complet bon marché, soumis quotidiennement au parcours du combattant des trains de banlieue, raillé par des publicités qui jouaient sur ses rêves et sa frustration. Je deviendrais un sculpteur travaillant dans la démographie, la mode, et l'image.

J'aurais toujours l'air chic, lisse et vif, avançant masqué, déguisé par Savile Row, « car l'on devrait s'habiller et se conduire comme un bourgeois afin d'être violent et original dans son travail ». J'élaborerais une méthode de commentaire, aussi spirituelle que perspicace, par laquelle j'affinerais mon analyse d'un objet urbain, la condensant d'un paragraphe en une phrase, puis en un seul mot ; et par ce seul mot je définirais le visage d'une époque.

Tel un roulement de tambour lointain, j'entendais mon assistant Perry, qui s'échauffait de plus en plus en expliquant à Potter et à ses collègues qui opinaient du chef pourquoi la perturbation provoquée par cette « migration » du bureau n'aurait pas pu intervenir à un pire moment. Je fronçais les sourcils et opinais également du chef ; Potter jeta par hasard un coup d'œil vers moi, et nos froncements de sourcils se croisèrent d'un bout à l'autre de la table. Il avait approuvé mon froncement de sourcils, et c'était la raison pour laquelle il les avait froncés lui aussi, nos yeux se croisant. C'était un échange de regards qui pour la première fois aurait pu accompagner une poignée de mains.

De l'autre côté de la rue, quelqu'un ouvrit une fenêtre ; le soleil du matin se refléta soudain de l'angle nouveau formé par le carreau, et un rectangle de lumière dorée prit place sur le mur de la salle 404, juste en dessous d'un coin du plafond. La lumière tremblait, comme si elle était réverbérée par la surface d'une piscine. En l'observant, je pris soudain conscience du degré d'usure et d'inconsistance qu'avait désormais mon fantasme de devenir anthropologue urbain.

Et cela fit l'effet d'un véritable choc. C'était comme de pénétrer dans une pièce familière avec un regard neuf, et de découvrir combien la peinture et le mobilier avaient pris un aspect miteux et défraîchi. Dans le passé, chaque fois que je m'étais penché sur le paysage de mon ambition en veillant à préserver religieusement l'éloquence des moindres détails, j'en revenais dans mon fantasme à une vue de Londres — « et maintenant à nous deux ! » Mais voilà que je m'apercevais que le but de ce rôle — l'autorité, la maîtrise, le pouvoir — était devenu obscur. Petit à petit, l'éclat de la séduction s'était terni, et le ressort bien huilé et tendu de mon personnage s'était relâché. Là où j'avais imaginé jadis un *über*-analyste*,

* En allemand dans le texte ; hyperanalyste en français *(N.d.T.)*.

synthétisant le chaos des impressions, je voulais désormais plus. Ou moins. Mais quoi ?

Le début de la réponse semblait se trouver dans ce carré tremblant de lumière sur le mur de la salle 404. Je voyais dans ses associations latérales prometteuses un nouveau jeu de questions. De plus en plus, je me soucie de la maladie terminale, qui attend de se déclarer. Et je passe donc beaucoup de temps à considérer la nature de la réussite et de l'échec : en quoi consistent-ils, et à quoi cela doit-il ressembler que de bien se trouver de ce que l'on a réalisé ?

Ainsi mon moi habituel se trouvait-il désormais remis en question par un nouvel ensemble de préoccupations ; c'était comme si pour les décisions que j'avais prises durant mon adolescence, afin de devenir une certaine sorte de personne, la date approchait d'un renouvellement ; comme si un audit avait eu lieu et qu'une traite était arrivée à échéance. Pour le dire autrement, vous ne pouvez répéter votre chef-d'œuvre qu'un temps.

A présent, Kate avait proposé une idée d'accès aux documents ; Dave voulait savoir pourquoi les portes de notre bureau allaient être scellées. La salle 404, sous l'influence de ce carré de lumière solaire reflétée, paraissait soudain envahie par l'été. Mes collègues s'étaient installés dans une longue exploration de l'état du bureau. Mon détachement s'aggravait ; j'avais l'impression de rêver lucidement...

Malgré le temps chaud du long week-end, un silence de sabbat planait sur les quais vides, se mêlant à la brume de chaleur à leur extrémité la plus éloignée, au-delà de l'ombre colorée de poussière de la haute toiture de la gare. Clignant des yeux face au soleil éclatant du matin, je regardais les voies qui filaient au loin, la légère courbe des rails réfléchissant une lumière blanche aussi vive que du magnésium en flammes. Derrière, du côté du hall sonore, les chiffres des pendules de la gare tournaient au rythme régulier de leur cliquetis métallique...

Rêvant de Victoria Station, je rêvais que je rencontrais la fille que j'avais vue ce matin dehors à la terrasse de la cafétéria — yeux gris, honnêteté irréprochable, la porteuse d'eau fraîche ! Même si, par le passé, j'ai eu, comme je l'ai dit, des petites amies, liaisons et rapports sexuels sont à présent des choses qui ne semblent se produire que dans ma tête. Mais j'aime à croire que j'ai un respect instinctif pour les femmes : que, quel que soit le degré d'attirance qu'une femme puisse exercer sur moi sur un plan purement sensuel, j'en distinguerai toujours l'appréciation de son esprit et de son caractère comme deux examens à réussir haut la main. L'ennui c'est que je ne sais pas flirter, et que, lorsque je m'y essayais, je passais pour une sorte de dingue. Paul me disait que c'était la raison pour laquelle les femmes me fuyaient comme la peste. « Tu ne retiens pas leur intérêt et tu ne les fais pas rire, disait-il, de sorte qu'elles sourient de ta politesse, la trouvent suspecte et retournent alors à leurs amis. »

J'ai aussi le chic pour donner aux femmes l'impression d'être laides. Lorsqu'elles sont en ma compagnie, les femmes trouvent soudain leurs vêtements ridicules et mal coupés ; elles se mettent à tirer sur les coutures de leurs jupes, essayant de se couvrir et de dévier toute l'attention de leur apparence.

C'est la raison pour laquelle j'ai fini par me contenter du rôle d'ami de confiance du couple ; j'avais eu le sentiment d'être, pour ainsi dire, « fournisseur attitré » de nombre de couples — de Paul et Christine, de Barry et Clare, d'innombrables autres, au fil des années. Si des gens — autres que Paul — m'ont jamais aimé, c'était d'ordinaire soit parce que je les flattais en leur posant des tas de questions sur leur vie et leurs réussites, soit parce que je m'intéressais à leur relation. Cela, également, a renforcé le sentiment d'association des couples de me considérer comme leur fils de substitution : les hommes tout pleins de conseils, les femmes toutes bavardes et maternelles. J'avais en fait été castré par mon rôle dans la relation des autres gens.

Au fil des ans, mon expérience la plus passionnée de l'amour, c'est pour des inconnus que je n'ai aperçus que dans des cafés, ou des trains, ou des magasins à l'heure du déjeuner, que je l'ai connue. En fait, cette passion, je l'ai éprouvée davantage pour les lieux qui me rappellent ces inconnus que pour les gens eux-mêmes. C'est comme si ces lieux — la cafétéria du hall de gare, une travée de grand magasin, une sortie particulière du métro — étaient le raffinement le plus intense de ces rêves d'amour : le concentré, l'essence. Ce qui est la raison pour laquelle je suis tout à fait pour des parfums dont l'odeur est celle de lieux particuliers. Ils pourraient en fabriquer différentes variantes pour différentes heures de la journée tant qu'à faire : « Soirée à Bond Street », « Debenhams à Midi », « Dernier Métro. »

Lorsque Paul disparut de la circulation, je pris l'habitude d'aller dans un petit café de Victoria Street, juste à côté de l'entrée des Artillery Mansions. En ce temps-là, les Artillery Mansions étaient un morne édifice en brique rouge, dentelé par les fentes mesquines d'une centaine de fenêtres sales qui avaient l'air de n'admettre qu'une tache marron de lumière. Une arche telle une bouche béante menait dans une cour obscure. C'était le genre de lieu où les fonctionnaires tombés en disgrâce se suicidaient.

Le petit café s'appelait L'Ere Nouvelle ; on aurait toujours dit que c'était l'hiver quand j'y allais. Je ne crois pas que l'endroit ait changé depuis 1959 : des tasses brûlantes de thé ou de café aqueux étaient dispensées par une énorme urne en acier trempé sur le comptoir ; chaque table était pourvue d'un abat-jour à pompons en taffetas qui diffusait une faible lumière cramoisie et une odeur de poussière brûlée ; des dalles de lino noires et blanches recouvraient le sol. Les murs étaient pour la plupart nus, à l'exception d'une silhouette de guitare en métal et d'une vue de la baie de Naples — le Vésuve dans la brume, la courbe élégante de la promenade.

Il y eut un temps où la ville était mon théâtre érotique : quand une belle femme, inaccessible, était synonyme de la ville elle-même. Arpentant les rues les plus chic au soleil couchant — St James's, Mayfair — je ne trouvais rien de banal, en ce temps-là, à l'idée d'une Nouvelle Hélène qui incarnerait l'atmosphère romantique du soir londonien : le reflet de la lumière des chandelles dans des miroirs dorés, et la lueur écarlate des feux de stop dans l'obscurité croissante du crépuscule.

Et tandis que je marchais, entrevoyant les décors destinés aux liaisons amoureuses des autres gens, j'imaginais une distribution de beautés qui étaient toutes la même femme : sérieuses, sensuelles, réservées, mais capables de tendre les muscles tonifiés de leur sexualité, juste assez pour révéler un goût pour la licence. Bref, je n'étais pas plus raffiné que Dave, mon assistant, et sa blonde allongée au soleil dans une B.M.W. noire.

Mais le bureau se nourrit de fantasmes, aussi sûrement que de lubricité, de café et de sandwiches au fromage ; il doit y avoir quantité de fantasmes détaillés qui accompagnent l'étiquetage des enveloppes, la dactylographie de la correspondance et la repagination des documents mis à jour. Des rêves d'un mode de vie lié à un statut meilleur, des rêves d'amour récompensé ou de franche luxure, des rêves de dire au patron à la langue acérée où exactement il peut se fourrer son boulot. Et pendant tout ce temps, votre travail devant vous, qui alimente le fantasme. Et c'est comme cela qu'Eux exercent sur Nous leur contrôle.

Tandis que Potter continuait à bourdonner, je m'imaginais de retour au café de l'Ere Nouvelle. Assis au bout de la table de conférences, les yeux à moitié fermés (abrités par le plat de ma main, comme si je me penchais en avant pour me concentrer) je voyais les lampes à abat-jour en taffetas et la longue vitrine sur rue contre laquelle s'écrasait la lumière déclinante d'un après-midi d'hiver. De nouveau dimanche. J'étais le seul client.

Lors d'une telle rêverie au bureau, il eût été tout à fait habituel pour moi d'imaginer quelque promesse de liaison romantique, la jeune femme dehors à la terrasse du café de Victoria Station, par exemple. Mais lorsque j'essayai — songeant aux yeux gris et à l'air d'honnêteté irréprochable — tout ce que je vis, ce furent des femmes réelles : les femmes de Victoria Station. Je vis des magazines roulés fourrés dans les flancs de sacs de toile pleins à craquer ; je me représentai leur démarche accélérée pour traverser le hall bondé, têtes baissées. Je me rappelai les visages fatigués, irritables, résignés ; les talons éraflés, une Silk Cut au bec, l'instinct de ne croiser le regard de personne. Pas de sirènes ici, pour attirer l'employé de bureau solitaire vers son destin sur des rochers miroitants.

L'incapacité de fantasmer m'inquiéta.

De retour au café de l'Ere Nouvelle, j'avais déjà réglé l'addition. C'était la fin de l'après-midi. Dehors il gelait à pierre fendre. J'obliquai dans les rues à l'écart de Westminster, où les façades pâles des bâtiments officiels apparaissaient comme des forteresses aux volets fermés. Bureaux ministériels, quartiers généraux d'associations privilégiées ; blocs anonymes aux fenêtres vides et noires, et au vestibule éclairé de la faible lueur d'une lampe laissée allumée.

On avait dégagé la neige des trottoirs, mais des congères et des croûtes de glace sale restaient accrochées au bord des marches et des pavés. On ne voyait ni n'entendait âme qui vive. Le froid amplifiait le bruit de mes pas dans les rues désertes. Jadis, en été, j'aurais imaginé une centaine d'aventures entre ces bâtiments. Jeunesse et sourires ; projets de soirées et de week-ends ; paysages marins et couchers de soleil appelant voyageurs et amants, depuis Sorrente et *bella Napoli,* là-bas au loin ! Le ciel des soirs de juin, au-dessus de St James's Park, derrière moi, violet et serein. Mais à présent, rien.

Des rues désertes et des bâtiments déserts ; ténèbres et froid. Il me semblait que toutes les sirènes, et leurs amants s'étaient retirés des affaires d'idylles. Les tables de dîner se trouvaient désertées, les bougies définitivement mouchées. Plus de coiffures retouchées, de talons hauts, de robes scintillantes et de faux cils ; plus de taxis hélés du bord du trottoir par des couples enveloppés dans un nuage de Chanel. C'en était fini. L'époque réclamait un désir nouveau ; un fantasme nouveau pour vous soutenir tout le long après-midi durant jusqu'à cinq heures.

La rêverie s'estompa dans un brouhaha croissant de voix, le raclement des chaises reculées et le bruit de quelque chose que Brian Potter disait à propos de modifications. Perry riait d'un gros rire forcé, comme si Potter était le plus grand lanceur de vannes qui avait jamais existé. Je ne voyais plus le carré de lumière tremblante, juste au-dessous du coin du plafond ; le soleil avait imperceptiblement tourné autour du bâtiment, ou été voilé par un nuage. Nous sortîmes tous en troupe de la salle de conférences.

Je jetai un coup d'œil derrière dans la pièce vide et crus voir le fantôme d'un anthropologue urbain. Dans le couloir, les gens partaient déjeuner.

## CINQ

« Le temps aujourd'hui n'arrive tout simplement pas à se décider. »

La femme qui parlait — je crois qu'elle s'appelle Maureen — se trouvait juste devant moi, se dirigeant vers l'escalier central en compagnie d'une autre femme, dont j'ignore le nom. Maureen a un peu plus de la cinquantaine, aurais-je pensé. Ses cheveux sont teints en doré, et lorsqu'ils ne sont pas remontés en tas sur le sommet de sa tête, maintenus en place par ce qui ressemble à deux peignes en ivoire et une paire de baguettes, ils doivent lui descendre jusqu'aux épaules.

Maureen est une grande fumeuse. Elle a une voix grave, rauque et sa toux fait plutôt penser à un aboiement. Tous les ans elle fait une crise de bronchite sévère. Comme Anne a dit un jour, « vous pourriez régler votre montre là-dessus ». Mais vous savez quand Maureen se trouve dans les parages à l'écœurante odeur suave du parfum qu'elle met toujours ; et celle-ci, qui plus est, s'attarde une bonne vingtaine de minutes après son départ.

Comme sa compagne, Maureen portait une jupe noire jusqu'aux genoux, un pull-over en laine dans un ton pastel clair, et un cardigan jeté sur les épaules. Aujourd'hui, le cardigan de Maureen était d'un bleu roi éclatant et celui de son amie d'un rouge écarlate lumineux. En chemin vers le déjeuner, les deux femmes marchaient l'une et l'autre les bras croisés sur la poitrine, et le porte-monnaie dans une main.

Comme je l'ai dit, la première fois que je suis arrivé à North Row, il y avait beaucoup de femmes comme Maureen qui travaillaient à l'Etat Civil. Regardées d'un œil condescendant par la haute sphère masculine de la direction, et considérées avec une impatience à peine voilée par ces cadres féminins pris dans le cyclone du Nouveau Professionnalisme, ces femmes en âge de prendre une retraite précoce constituaient le dernier lien avec l'époque précédente du service. En particulier, la rénovation de North Row les laissait indifférentes. Ce n'était pas qu'elles s'opposaient aux changements profonds ou qu'elles se rebellaient, unies dans le refus des moquettes grises. Mais en fait, leur rejet des innovations n'aurait pu être plus blessant pour les responsables : elles s'y pliaient simplement avec humour. Elles jugeaient que le meilleur traitement à réserver au dernier fétiche de la technologie informatique était le même que celui qu'elles accorderaient à un petit neveu brandissant un nouveau jouet : elles souriaient, hochaient la tête, et retournaient à leurs occupations.

Cela rendait la direction verte de rage. Et donc, la plupart des pareilles de Maureen — dans un déluge d'enveloppes marron de courrier interne, de gâteaux Forêt-Noire et de cartes postales aux couleurs criardes — furent remplacées par des ordinateurs. Maureen elle-même demeura, soutenue par la direction, comme mascotte humaine du cœur et de l'épine dorsale de North Row : « Où diable en serions-nous sans la vieille Maureen, hein ? »

Chaque étage de North Row est divisé en deux par un couloir, aux deux extrémités duquel se trouve une paire de doubles portes battantes. Tous ces couloirs sont identiques, desservis à l'extrémité ouest par l'escalier central ; par les portes battantes, on accède à une sorte de bifurcation en T menant à d'autres bureaux et à un ascenseur de service. A cause des escaliers et des portes, la seule lumière naturelle à pénétrer dans ces couloirs est celle qui vient des portes ouvertes des bureaux contigus. Ces portes sont lourdes, des choses aux allures de tek, pourvues de plaques de propreté en métal brossé et de poignées élégantes ; les poignées, en fait, me font penser à des virgules boursouflées. Elles étaient un détail significatif du lifting de l'entreprise de North Row ; quelqu'un me disait qu'elles formaient un rappel de la typographie de l'en-tête redessiné du papier à lettres destiné à la correspondance générale.

La seule autre caractéristique de ces portes — et les portes sont lourdes, ne cédant qu'à une poussée résolue contre la pression de leurs gonds hydrauliques — est leur étroite fenêtre, incrustée d'un grillage de fil de fer fin, placée d'un côté de la plaque de propreté. Mais ces bandes de verre armé sont spécialement conçues pour ne pas laisser passer la lumière du jour, et c'est la raison pour laquelle les couloirs sont envahis par cette luminescence mate, atone, qui vient des lames biseautées de Plexiglas résistant à la chaleur serties dans le plafond. Originales, ces caractéristiques et ces installations sont toutes comme de la sculpture.

Il n'y a que quand les portes donnant sur le couloir sont ouvertes que vous avez une impression, souvent fausse, de ce que le temps fabrique. Lorsque la lumière du couloir change de cette manière, je m'aperçois que l'effet produit peut modificr radicalement mon humeur. Il m'est arrivé d'entrer dans un état de rage disproportionnée parce que la lumière suggérait soudain que le voile monotone d'un hiver persistant avait usurpé le soleil d'un faux printemps. De même, je me suis retrouvé à songer à l'automne en mai à cause d'une impression de bleu en ascension dans des cieux d'or.

Mais aujourd'hui Maureen avait raison : le temps n'arrivait tout simplement pas à se décider.

Je repassai au bureau pour avertir les gens que j'allais déjeuner. A cause de la réunion de Potter, la matinée semblait avoir passé bien plus vite que d'habitude. On peut aller déjeuner à n'importe quel moment entre les heures fixes de bureau de midi et quatorze heures. On vous accorde l'heure d'usage, mais la plupart des gens prennent soixante-dix minutes, effectuant leurs propres calculs quant aux raisons pour lesquelles ils ne volent pas l'entreprise de l'équivalent de près d'une heure de salaire par semaine de travail.

Je songeais probablement à quelque chose de cet ordre en me penchant pour prendre ma veste. Et ce fut alors que la première vraie perturbation de la journée sembla se produire. Je regardais Kate qui retouchait son maquillage à paupières dans le petit miroir posé en équilibre sur son clavier ; puis je ressentis un changement dans ma perception, comme un soubresaut dans mon système nerveux, qui s'accompagna de l'impression d'avoir perdu ma mémoire immédiate. On aurait dit que le jour n'existait plus comme une accumulation de ses heures vécues et comme expérience de ses informateurs. En même temps, je me sentis brusquement à distance de ce qui m'entourait, comme si je voyais tout à travers une épaisse plaque de verre. Combinés, ces effets se muèrent en un mélange de sensations — de panique et de vide. Mais je souris à Kate, pris ma veste et ressortis dans le couloir. Je me sentais simplement bizarre, et voulais me distraire de la bizarrerie.

En descendant l'escalier, je vis Simon Grinch qui montait à notre bureau. Il m'adressa un sourire quand nous nous croisâmes, et j'essayai de me rappeler de quel artiste l'on avait dit pour le décrire qu'il avait des dents phalliques. Simon gravissait les marches deux à deux, se hissant de la main droite au moyen de la rampe, et effectuant toute l'ascension courbé en deux, dans une course précipitée et désunie. Il a des cheveux blonds, lissés en arrière, un visage maigre, décharné, et un menton pointu. Ses yeux sont bleu pâle, dotés d'une expression perçante. On le tient pour une vraie pin-up.

Dehors, le soleil matinal avait disparu derrière de vastes continents de nuages gris ; les trouées entre eux, par lesquelles on apercevait encore des carrés de ciel bleu, avaient l'apparence de mers entourées de terres. Un vent frisquet s'était levé, balayant les pourtours des bâtiments en rafales rapides, tenaces, engonçant les gens dans leurs manteaux et les poussant de l'avant dans leur marche, à la manière d'une bourrade dans le dos. Je traversai la rue les mains dans les poches et les épaules voûtées.

Le bureau de North Row est suffisamment près d'Oxford Street pour qu'on perçoive le brouhaha de l'artère animée du West End. Dès que vous quittez le bâtiment vous êtes pris par le courant stimulant de l'atmosphère : les files de la circulation et des autobus, qui s'étendent de Marble Arch à Centre Point. Par les chaudes journées d'été on dirait un rassemblement de bétail. Aujourd'hui, avec la panique et le vide qui continuait d'aller au rythme de mes pas, la familiarité de l'heure trépidante du déjeuner était la bienvenue.

Les gens dans la rue avaient l'air de représentants d'une multitude d'époques différentes : du présent, de jeunes hommes des bureaux voisins, dont beaucoup à peine sortis de l'adolescence, flânaient sur le trottoir par groupes de deux ou trois. Paradant dans leurs costumes-cravates, l'air en pleine santé et heureux, ils semblaient regarder par-dessus les têtes de la foule vers quelque but à l'horizon proche qui était leur royaume privé. De jeunes femmes, seules ou filant par deux, apportaient la contribution de leur hâte à la vitalité de cette procession, qui est à la fois résolue et sinueuse, simultanément vague et précise.

D'un futur proche, il y avait un garçon en anorak argenté crasseux ; ses chaussures de sport avaient des symboles anarchistes dessinés sur leurs bouts caoutchoutés. Derrière lui se trouvait un jeune homme vêtu d'un gilet en daim vert mousse, élimé jusqu'au cuir, noir le long de ses plis ; et dessous un T-shirt échancré pourpre. Son jean était effrangé et délavé. Il avait la barbe, les cheveux et les sandales jadis connues comme de style « Jésus », alors que son visage et ses traits paraissaient d'un troublant archaïsme. Ce n'était pas simplement que ses vêtements étaient une version des années quatre-vingt-dix de la bohème des années soixante, mais que sa physionomie réelle semblait venir de trente-cinq ans en arrière. On aurait dit un révolutionnaire des années soixante dont la cause venait d'être irrémédiablement discréditée ; il arborait une mine renfrognée, et essayait d'attirer l'œil de tous ceux qu'il heurtait légèrement au passage.

Puis, venant de plus loin encore, il y avait un couple entre deux âges habillé de manière décontractée ; mais le tailleur-pantalon citron de la femme et les chaussures ocre brun de l'homme leur donnaient l'air de héros d'une publicité pour des cigarettes, depuis longtemps proscrite. De part et d'autre de ces derniers, un flot continuel d'employés de magasin, d'intérimaires et de touristes. Mais aujourd'hui, je ne me sentais pas en confiance dans ce montage d'humeurs, et je cherchais à me rassurer : là où d'autres trouvent refuge dans le nombre, je le trouve chez Selfridges. Ce grand magasin me semble synonyme de familiarité. Dressée sur son propre îlot rectangulaire d'espace urbain, impérieuse et indépendante, la grande boîte à chaussures renversée de Selfridges offre la maçonnerie érodée de sa façade Empire dans un luxe de fioritures qui chantent ses propres louanges, atteignant, pour ainsi dire, le crescendo, dans la haute solennité de l'ange accueillant qui couronne la grande pendule au-dessus de l'entrée de cérémonie.

Les vitrines au niveau de la rue ressemblent aux

cuves massives d'un aquarium géant. Aujourd'hui, tapissées du sol au plafond de rouleaux de papier crépon multicolore, ces cuves étaient toutes habitées par trois mannequins languissants, féminins de forme. Ils avaient le même ton et la même texture de blanc que le plâtre de Paris et la poussière de craie. Grands et sages, les membres fuselés et tout en longueur, ils se tenaient debout une main posée sur la hanche, et l'autre tendue en l'air, comme si chaque paume ouverte avait jadis porté un plateau de cocktails. Leurs têtes chauves et blanches, aux renfoncements vides pour souligner l'expression d'une hauteur de bon ton, étaient tournées vers la gauche et légèrement inclinés, détournant la vulgarité des regards qu'ils espéraient.

Chaque ensemble de trois mannequins avait été vêtu des tenues d'un styliste différent et le thème commun était la promesse de l'été : tailleurs en lin, jupes portefeuille, robes en coton et costumes de bain athlétiques du dernier chic. Et chaque vitrine avait un slogan : « Amour et Détente ! », « Eau et Vie Sauvage ! », « Verve et Panache ! » — panique et vide.

Comme le bureau, ce grand magasin est un lieu à la géographie labyrinthique ; et, comme le bureau, peu importe l'acharnement qu'ils mettent à tenter d'introduire l'aiguillon d'un New Look — plafonds abaissés, concessions réaménagées, cloisons déplacées — sa préhistoire et l'atmosphère de sa fondation demeurent là en filigrane. Il y a toujours les portes latérales délabrées de règle — telles que vous auriez pu vous attendre à les trouver il y a vingt ans au Science Museum — et l'arène caverneuse du rez-de-chaussée, au parfum de papier d'emballage et de mélange d'eaux de Cologne pour hommes. Combinées, toutes les caractéristiques du magasin suggèrent la constance et la sécurité. Je ne suis pas la seule personne à croire que rien de vraiment grave ne peut vous arriver dans un grand magasin.

Aujourd'hui, rempli de cette étrange et lancinante anxiété, je parcourais au hasard le rayon des parfums dans un état de réceptivité accrue. Les différents comptoirs et étalages, chacun proclamant son *monde de luxe**, ressemblaient à ces mondes fascinants et mystérieux qu'évoquent les décors de théâtre d'une opérette surannée.

(J'avais l'impression de plonger mon regard depuis le poulailler d'un théâtre dans la reconstitution habile d'une scène de rue bohémienne. Tandis que les personnages s'en vont chacun de leur côté en chantant leurs adieux, la musique s'adoucit à mesure que les lumières baissent, et voilà que la rue est déserte et enchantée par la nuit. Mais les décorateurs ont eu assez d'astuce pour laisser une lampe allumée derrière des volets, au moment où une cloche sonne minuit, et c'est pour vous le rappel d'une idée enfantine de la nuit, à la fois surnaturelle et réconfortante, un lieu où la paix du sommeil se marie à l'attente de secrètes présences nocturnes.)

Du rayon Parfumerie, je gagnai le monde sombre des chaussettes et des gants pour hommes. C'est un espace où vous avez l'impression d'être entouré de boiseries d'universités, et de la lumière diffuse des cloîtres. Traînant dans les travées, je m'absorbai dans les diverses épaisseurs et pointures de chaussettes ; j'essayai une paire de gants de conduite automobile à dos de cordes et vérifiai leur bon ajustement en fermant le poing puis en écartant les doigts.

Une vendeuse — une jeune femme, peut-être du Moyen-Orient — s'approcha pour me demander si j'avais besoin d'aide. Ses cheveux étaient si noirs qu'ils paraissaient bleus sous le ton cuivré de l'éclairage du rayon. Elle portait sur la tête un bandeau de velours vert. Le lainage bleu foncé de son uniforme — veste et jupe jusqu'aux genoux — donnait

* En français dans le texte *(N.d.T.)*.

l'impression d'être sur le point de se désagréger : la veste s'était fendue juste sous un bras, et l'ourlet de la jupe avait commencé à s'affaisser dans le dos. Mais il n'y avait rien que la vendeuse pût faire pour m'aider, même si mon humeur me paraissait à l'instant plus étrange. Je me contentais de regarder.

Elle recula et je raccrochai les gants à leur petit cintre. Je sentais encore l'odeur du cuir au bout de mes doigts. J'avais l'impression de m'être absenté du bureau pendant des heures, mais lorsque je regardai ma montre, cela ne faisait que dix minutes que j'avais quitté North Row. L'anxiété était toujours là, mais je commençai à me rendre compte que j'étais en mesure de réduire l'immensité menaçante de son abstraction — panique et vide — à une seule inquiétude spécifique : *tout se passait comme si ma vie avait atteint une masse critique,* et qu'il n'y avait tout simplement plus de place dans mon être — moi-même en tant qu'incarnation de ma conscience — pour aucune expérience vécue supplémentaire.

Et c'est à ce moment précis que j'aperçus Richard Hayter, qui travaille le long du couloir. Même de dos, je reconnaissais la forme de son crâne et la masse puissante de son corps. Il était accroupi, montrant du doigt un vêtement qui ressemblait à un caleçon de bain. Sa veste était tendue à craquer en travers de ses épaules, et son large cou paraissait d'un rose et d'une propreté extrêmes au-dessus de la blancheur immaculée de son col de chemise.

Il était à l'évidence absorbé dans ses pensées, réfléchissant aux ramifications de son acquisition. Richard m'a dit un jour, dans le couloir, que la clé de la réussite était de manger anglais au petit déjeuner, japonais au déjeuner, et français au dîner. Il ajouta, non sans une certaine gravité, qu'alors qu'un tel régime était une voie d'avancement sûre, lui-même évitait toujours le petit déjeuner cuit lorsqu'il assistait à un cours à temps complet ou à une conférence à l'extérieur de la ville : « On ne se sent pas bien au milieu de la matinée », expliqua-t-il.

Il y a bien des années — bien que j'aie mis encore trop longtemps à le comprendre — je me suis rendu compte qu'il valait toujours mieux éviter vos collègues si d'aventure vous les apercevez en dehors du bureau. Faute de quoi, la gêne n'aura pas manqué de s'installer presque dès l'instant où vos traits se seront épanouis en l'expression aimable d'une salutation mielleuse. Et ceci tend à se vérifier, même dans les bons jours. On ne devrait jamais dédier ces délicates envies de générosité nées d'une inexplicable gaieté ; de telles envies, au bureau, contiennent des vestiges de panique, et font l'effet d'être bizarres et, plus tard, regrettables.

Vous pouvez, aussi, finir par passer pour n'être qu'un flatteur, et dans la chaîne alimentaire du bureau, comme les différentes personnalités maintiennent l'écosystème grâce auquel elles survivent, le flatteur n'existe qu'à un niveau plutôt bas, quelque part entre le mouchard du service et le clown du bureau.

Ce fut pour ces raisons que je m'arrêtai net quand j'aperçus Richard Hayter. J'eus juste le temps de remarquer qu'il se parlait à lui-même, un murmure chuchoté pour se raisonner, comme s'il essayait de maîtriser un ensemble ardu de directives. Pivotant sur mes talons, je m'engageai dans une travée parallèle. Je me trouvais à présent séparé de mon collègue par la hauteur et la largeur d'un comptoir bas, de mon côté il y avait une rangée de chemises de smoking d'une blancheur de neige, alors que du sien se trouvait la fin des sous-vêtements masculins. Me dirigeant vers la petite volée de marches qui mène au rayon Alimentation, j'eus l'impression qu'il m'avait vu.

J'inhalai l'arôme du rayon Alimentation : pain, fromages et café. Je regardai les coquillages entassés sur de la glace. Comme d'habitude, les étals de fruits de mer offraient un véritable spectacle. Je demeurai en compagnie des autres clients fascinés à contempler les homards, les crabes et les huîtres. Nous arborions tous une expression légèrement soupçonneuse, comme si nous réservions notre jugement, mais ne pouvions nous arracher de là.

A ce rayon, vous percevez les contours de l'existence des autres gens, ou en tout cas certains aspects de celle-ci. Il y en avait qui commandaient de la nourriture pour des réceptions à dîner — libanaise, anglaise, japonaise ; il y en avait qui s'achetaient de petites gâteries — olives aux piments, anchois frais et pâtes. Des dames du quartier d'un certain âge, aux visages doux et poudrés et aux lèvres flétries toujours soigneusement peintes en vermillon, achetaient quelques onces de jambon, ou contestaient les prix des pots de sucreries ou de confitures. Vous lisiez l'impatience dans les yeux de quelques-uns des jeunes vendeurs, exaspérés de devoir attendre qu'un client se décide. Et j'imaginais ces dames — une autre Vieille Garde, mais non ravalée cette fois en une idée moderne — retournant à leurs appartements de Marylebone ou Baysewater, en secouant la tête devant la rapidité et le prix de tout ça.

Je vis alors un jeune couple florissant habillé, l'un et l'autre, en bleu marine. Elle avait des cheveux noirs lustrés, un visage pâle, des yeux noirs qui brillaient d'assurance, et une large bouche sensuelle. Elle arborait un fard à lèvres rouge vif, d'un rouge de voiture de sport italienne. L'homme de haute stature à côté d'elle, contre lequel elle ne cessait de s'appuyer, avait une expression douce, légèrement surprise, comme s'ils trouvaient les transactions des simples courses gentiment déroutantes. Il y avait là, pensais-je, un couple de la Planète Sans Souci ; ils se savaient libres, et pouvaient éprouver à n'en plus finir une douce perplexité devant tout. Ils étaient Arrivés. Ils avaient Gagné. J'imaginais qu'ils se passaient leurs caprices : un pique-nique de tomates et de feta, des rouleaux aux graines de pavot et de la mousse de homard. (C'était ce qu'ils avaient dans leur panier.) J'avais l'impression qu'ils prenaient tellement de bon temps, qu'il était presque insupportable d'imaginer leur bien-être. *Des yeux noirs qui brillent, de la mousse de homard !*

Je me détournai, face aux vitrines qui, du sol au plafond, donnent sur Orchard Street. C'est ainsi que se passe l'heure du déjeuner. Je constatai que les nuages s'étaient de nouveau déplacés, et que le soleil gratifiait les chalands et la circulation d'une journée d'été au printemps. Au moment précis où je sortis dans la rue, je sentis le parfum de lis et d'eau fraîche qui flottait depuis le comptoir animé du fleuriste juste à ma gauche. C'était là, m'imaginai-je, l'odeur des hôtels onéreux ; de la même façon que l'odeur des carrés de moquette poussiéreux, de café renversé et de papier chaud a toujours été l'odeur caractéristique du bureau.

En comptant le couple que j'avais vu plus tôt ce matin à Victoria Station, ce jeune couple florissant vêtu de bleu marine était la seconde incarnation du charme pur que j'avais étudiée aujourd'hui. Mais alors que je dirigeais mes pas vers l'achat de mon sandwich du déjeuner, je sentis un de ces autres changements soudains dans ma perception habituelle du monde. Qu'est-ce qui me rendait si certain que de jeunes couples si beaux d'allure, censément si aisés, étaient réellement charmants ? Et, de toute façon, qu'est-ce au juste que le charme, et pourquoi est-il si populaire ? J'ai regardé un jour le mot dans un dictionnaire étymologique, et il provient d'une assimilation du « chant » et de la « magie ». A l'évidence, on a abusé de ce terme — et votre humble serviteur n'a pas été le dernier à le faire au fil des années.

Kate, par exemple, au bureau, a toujours l'air d'avoir trop faim pour avoir du charme ; malgré son hâle et ses dents parfaites, elle est affamée de plaisir d'une manière qui la rend tout sauf charmante. De là son sens monochrome des valeurs — extase ou irascibilité — qui n'admet aucune nuance dans le jugement. Chez Kate, l'autosuffisance du charme véritable (bien qu'il me reste à définir ce terme à nouveau) est contredite par sa dépendance à l'égard des circonstances dans la tournure que prennent ses humeurs. Je ne saurais imaginer Kate autrement que l'air radieux ou morose. Et pourtant rien n'y fait, c'est elle qui est connue de tout North Row comme « Kate la Charmeuse ».

Je suppose que je lui envie cette espérance de bonheur tout prêt qu'elle semble toujours avoir en elle avec une telle nonchalance. Elle ne gâcherait jamais l'heure de son déjeuner — ni sa vie, d'ailleurs — à l'idée que son expérience de la vie pourrait atteindre un jour une masse critique et la remplir d'un sentiment de panique et de vide. Et au moment précis où je pensai cela, j'eus de surcroît la sensation que c'était aujourd'hui le dernier jour de mon existence où tout pouvait encore se retourner pour le mieux.

Car, quelque part au milieu de mes pensées sur Kate et sur le charme, je me mis à éprouver le sentiment d'arriver au terme des premiers jours du reste de ma vie. Pourquoi tout cela devait-il se produire un jour particulier, je ne saurais vous le dire. Mais c'était effrayant. Peut-être cela signifiait-il que — en même temps que l'abandon de mon rêve d'adolescent de devenir anthropologue urbain — était venu le temps d'admettre que les promesses du charme n'étaient, elles aussi, qu'un mirage pour vous empêcher de sombrer. Comme les comédies musicales pendant la Crise. Et puis après ?

Avec son œil de surveillante attentive aux humeurs des jeunes gens, qui se croyaient eux-mêmes perspicaces, il est étonnant que Christine Kleenex n'ait jamais attiré l'attention sur ce qui constitue le charme. Rien qu'un rappel, peut-être, que le charme, comme l'érotisme, tire sa force d'être à jamais hors d'atteinte. Nous avions tous notre citation de Shakespeare, comme nous avons tous notre grande histoire d'idylle, et la mienne est : « Ma présence, telle une robe pontificale, jamais vue mais objet d'émerveillement » — avis sur la façon d'être un monarque.

A envisager le sujet de mon point de vue de consommateur, ce qui semble conférer du charme à une personne, c'est une solidité du caractère : une aptitude intérieure, instinctive à réunir une configuration de traits, qui soit, par-dessus tout, l'expression d'un monopole sur un état d'originalité indépendante et désirable.

Mais les formes les plus hautes du charme virent habituellement au sordide et à l'excentricité : ayant franchi, pour ainsi dire, le mur du son du développement personnel, le charme fait de la personne un être éthéré mais qui demeure vulnérable à la réalité corporelle et à l'exigence commune de vivre. Et c'est la raison pour laquelle toutes ces vedettes de films et ces célébrités s'avèrent avoir des toilettes cassées et des frigos pleins de nourriture moisie — Bouviers qui habite une maison de plage à l'abandon, et Capote qui pisse sur l'escalier.

Accéder au statut de dandy, en tant qu'agent secret, qu'anthropologue urbain ou même absentéiste du bureau à la découverte de la ville, m'a toujours paru la voie rapide du charme : incarner une attitude, une philosophie, dans son style personnel. Je dois avoir passé des années, d'une manière ou d'une autre, à fouiller dans les commentaires sur la théologie du Style. Et j'en suis arrivé à la conclusion que le Style ne saurait être qu'un moyen en vue d'une fin ; que si le Style peut exprimer une perception, alors — qu'allez-vous faire de toutes ces perceptions ? Où vont-elles ? Ou bien ne font-elles que s'accumuler pour atteindre une masse critique ? Allez savoir. Mon taux de sucre dans le sang était bas, et toutes mes spéculations cédèrent le pas au besoin d'un sandwich.

Les gens font toutes sortes de choses à l'heure du déjeuner afin de passer le cap de la journée, et vous pouvez en apprendre beaucoup sur la société contemporaine en étudiant leurs habitudes. Mais George Crown, qui fait je ne sais quoi dans les Services Techniques, et qui, de mai à septembre, porte un costume blanc au bureau, n'a, quant à lui, pas arrêté de se saouler à l'heure du déjeuner ces sept dernières années durant. Il s'arrange pour le faire d'une façon qui lui donne un air d'extrême sévérité puritaine, plutôt que d'ivrogne au nez rouge de la mythologie populaire. Puant l'alcool, il arpente les couloirs l'après-midi, regardant d'un sale œil quiconque transporte ne serait-ce qu'une tasse de café. Il découvre des risques d'incendie. Il essaie de réparer la photocopieuse, même si elle marche très bien.

J'ai passé mes heures du déjeuner à la recherche de moi-même. Pouvez-vous comprendre ce que je veux dire par là ? Mes plus anciens souvenirs de l'heure du déjeuner remontent à la City de Londres, lorsque je travaillais chez Waste. C'était au temps où j'étais nouveau dans le monde du travail, et chaque expérience nouvelle, des banlieusards qui franchissaient le pont le matin, aux réunions dans les pubs en début de soirée, entraient dans ma vie comme par des yeux soudain ouverts à la lumière. C'était La Vie ; c'était ce à quoi la plupart d'entre nous doivent se frotter.

A ma toute première heure du déjeuner, à l'instant où j'espérais m'échapper tout seul, libéré pendant soixante minutes de la nécessité de paraître attentif, reconnaissant et chaleureux, un jeune homme de mon âge, nommé Ron, m'invita à me rendre avec lui à la cantine du personnel. Son abord était si aimable que refuser eût semblé grossier.

En ce temps-là, les cantines du personnel des grands bureaux de la City n'avaient guère changé depuis les années cinquante, voire les années trente. A notre bureau, la cantine se trouvait dans une sorte de sous sous-sol, et l'on y accédait par un long couloir de service sonore faiblement éclairé. Le plancher de ce couloir était recouvert d'un linoléum astiqué à souhait, d'une couleur de steak cru. A une extrémité, sur le coup de midi tapant, deux grandes portes blanches étaient déverrouillées et repoussées à plat contre la brique froide, peinte en vert, des murs. Une forte odeur de viande hachée et de crème anglaise régnait.

Ron et moi-même nous joignîmes à la troupe des employés — presque tous des étages de bureaux, de la salle du Courrier ou de l'Entretien — qui allaient déjeuner tôt. C'était aussi une foule majoritairement masculine, — « les femmes restent assises à leur bureau avec une pomme » dit Ron (à tort, comme il apparut) — et par-ci par-là je voyais des hommes d'un certain âge, aux yeux baissés et aux visages totalement impassibles dont la solitude semblait entourée d'un terrible et ténébreux fossé de silence. Me surprenant à lorgner l'un de ces vieux employés, Ron haussa les sourcils d'un air où se mêlaient la compassion et la critique.

Nous fîmes la queue pour atteindre le comptoir en inox, éclairé et maintenu chaud par des tubes de néon aveuglants, à nu, à hauteur des yeux. Je regardai les rangées de tables en bois brut, pourvue chacune d'une carafe d'eau et d'un cendrier. Les femmes derrière le comptoir étaient toutes antillaises. Elles échangeaient patiemment des plaisanteries avec leurs clients réguliers, tout en servant à la pelle des tranches de steak, de tourte aux rognons ou des piles de chips. Ces plaisanteries portaient presque toutes sur la manière dont on s'en tirait ou s'en sortait, mais les employés de la cuisine n'admettaient que les traits de bonne humeur ; elles ne partageaient pas un seul instant l'idée que nous étions tous dans le même bateau.

Je ne me souviens absolument pas de ce que j'eus à manger — la même chose que Ron, probablement — mais j'eus l'impression de me trouver enfermé dans une institution. La cantine rendait manifeste que l'on appartenait au bureau, et il était difficile de croire qu'au-delà de ces murs froids et verts, il existait un monde moderne de magazines, de music pop et de métros. Mais mon bienveillant instructeur croyait que le déjeuner ne pouvait être plus appétissant ou commode que cela. Et commode, ce l'était à coup sûr. La pratique habituelle, c'était d'avaler votre repas aussi vite que possible pour avoir ensuite le temps d'aller au pub. J'ingurgitai à toute allure ma nourriture brûlante avant de déguerpir derrière mon compagnon.

Mais Ron a dû sentir que je n'avais pas apprécié ce moment. Ayant déjeuné au premier service, nous regagnâmes le bureau à une heure moins trois ; et je ne pus m'empêcher de remarquer la vague expression de tristesse perplexe dans les bons yeux marron, lorsqu'il me regarda juste quelques secondes de plus qu'il ne semblait naturel en me laissant à mon bureau. Et j'eus alors devant moi la perspective d'un long après-midi, affligé d'une indigestion et de brûlures à la langue.

Une fois de plus, le problème avait entièrement trait au fait d'être spectateur ou acteur : ce problème qui est preuve de faiblesse. Le lendemain, je m'excusai par avance auprès de Ron ; mais alors même que je bredouillais mes interminables explications, comme quoi j'étais obligé de consacrer l'heure du déjeuner à des courses personnelles urgentes, je savais que je créais une situation dans laquelle je déclarais ne souhaiter rien tant que de faire une complète routine des repas à la cantine du bureau. Dans ma crainte de ne pas être aimé, j'avais le sentiment de devoir renoncer à mon autonomie pour ne pas risquer de déplaire. Mais pourquoi ? Qu'était-ce donc que je redoutais ?

Traversant aujourd'hui Orchard Street, sous le soleil qui chauffait le tissu gris de mon costume, je m'aperçus que ces réminiscences de mes premières heures du déjeuner étaient liées au sentiment que mon expérience vécue avait atteint une masse critique : c'était comme s'il n'y avait plus assez de place pour des souvenirs supplémentaires. Il m'apparut que ce sentiment d'avoir fait mon temps pouvait être attribué au fait que j'avais scellé, avec ressentiment, amertume ou dégoût de moi-même, les fentes par lesquelles j'aurais pu exhaler le souffle de ma véritable nature. C'est-à-dire la nature de qui est déphasé.

Certes, si j'avais renoncé à mon heure du déjeuner à Cannon Street il y a toutes ces années, afin de ne pas offenser Ron, c'est qu'il était plus que probable que j'avais renoncé à des pans entiers de ma liberté (j'allais dire de ma « destinée ») dans le simple but de rester en phase avec la société elle-même ? Bien sûr, il y eut jadis une époque où Paul et moi avions la certitude que l'expression directe de nos convictions, clairement exprimées par notre style de vie, était la bannière sous laquelle défiler. Nous manquions du courage essentiel peut-être. Ou peut-être n'en avions-nous pas le courage. Après tout, nous n'avions foi en personne.

Aujourd'hui, lorsque je songe aux gens qui aiment à être perçus comme s'étant rebellés contre la société, brandissant leurs projets de quelque Utopie à face de furet ou autre, je ne peux m'empêcher de penser que ces jusqu'au-boutistes que vous voyez à côté de l'escalier mécanique du métro — la brigade « Stop The City », « La société est atteinte de maladie mentale » — sont aussi déprimants qu'un puzzle en boîte virant au marron dans la vitrine d'une annexe d'un bureau de poste fermé. Paul et moi déclarions que « si c'était là la société alternative, nous préférerions travailler dans une banque ». Et c'est dans une banque que nous avons précisément fini tous les deux. Dans mon cas, en offrant mon heure du déjeuner à Ron Ryan et à son idée de ce qu'était une journée bien équilibrée.

Ron portait un costume marron, à très légère rayure de craie ; c'était un de ces jeunes gens très grands, à la pomme d'Adam prononcée et à la nuque fleurie de boutons enflammés, juste au-dessus de son col de chemise légèrement élimé au lavage. Il était entré à la banque dès la sortie de l'école, comme tant d'employés de chez Waste, et même s'il approchait de son vingt et unième anniversaire à l'époque où j'ai fait sa connaissance, il avait encore cette gaucherie rougissante de l'adolescence : ses mains, en particulier, étaient longues et rouges, aux ongles rongés jusqu'au sang.

Il n'en reste pas moins que, vingt ans après, je peux évoquer Ron comme quelqu'un qui représentait la conscience. Vous n'aviez qu'à le regarder — voir, par exemple, la façon dont il rejetait intérieurement la misanthropie des hommes plus âgés assis autour de nous à la cantine du personnel, mais ne disait rien — pour savoir que c'était un type bien. Il se distinguait par une qualité qui le désignait aux yeux des employés de bureau comme l'équivalent de l'écolier d'honneur.

Je songeais aussi à la façon dont tout cela paraît lointain. Et pourtant je suis encore un homme jeune. Je crois que je me sers de ces souvenirs comme les peintres se servaient jadis d'un miroir sombre — pour réaccoutumer leurs yeux à la lumière du jour.

Quelque part dans Cannon Street, plus ou moins en face de la station de métro, il y avait un pub à la façade basse qui servait des petits pains croustillants, remplis de fromage industriel caoutchouteux et de tranches de tomates aqueuses. Avec un sachet de chips trop salées, ces pains composèrent mon déjeuner durant la majeure partie de deux ans. Le pub lui-même était remarquable par son absence totale d'atmosphère ; le lieu était aussi neutre qu'une salle d'attente. Il n'y avait ni coins ni recoins ombreux, ni photographies sépia encadrées de Ludgate Circus en 1908, ni même le méli-mélo, habituel dans les pubs, de faux lambris, de menu au tableau noir et de machine à sous.

Tout ce que ce pub avait à offrir, c'étaient un tapis d'une couleur d'olive verte desséchée et quelques chaises dures à dossiers droits. Toute la lumière venait de la vitrine du devant, qui donnait sur la rue sans le moindre effort de décoration, sans rideaux, ni même ces accessoires de scène du Londres de Dickens — bouteilles de porto poussiéreuses et caricatures gravées d'avocats victoriens rubiconds — que les brasseries doivent acheter en gros dans quelque entrepôt je ne sais où.

A mes débuts chez Waste, le monde des sandwiches à emporter était encore un lieu froid et plongé dans les ténèbres, subissant son heure la plus noire avant l'aube des garnitures nouvelles. Et comme elles sont représentatives d'une époque, ces garnitures ! A égalité, peut-être, avec l'invention des peintures à l'huile.

En ce temps-là donc, la plupart des bars à sandwiches de la City étaient encore tenus par de grandes familles italiennes qui offraient à l'employé de bureau affamé un choix de jambons, de salades au fromage, de poulet ou de bâtons de crabe — avec peut-être du salami, ou une tranche de dinde, grise et graisseuse. Entre midi et deux heures, ces cafés présentaient tous le même spectacle : derrière le petit comptoir, et son étalage réfrigéré d'ingrédients dégoulinants, vous trouviez la famille entière des propriétaires et gérants du lieu — chacun affecté à une tâche.

Les pères et les fils se penchaient en avant d'un air tendu, concentré, compilant les commandes que leur criaient la mère ou l'une de ses charmantes filles. (Car là résidait le charme authentique — chant et magie.) Les hommes travaillaient comme sur une chaîne d'assemblage complexe, faisant sauter des tranches de jambon ou des cuillerées de condiments à coups de gestes adroits et répétitifs ; de temps à autre l'un des fils lâchait un commentaire rapide — livré avec un sourire en coin et toujours dans la direction opposée à son client —, ce qui pouvait vous amener à supposer que ces garçons tenaient vraiment la plupart de leurs clients pour une pitoyable bande de nuls. Seul le père continuait docilement à appliquer sans relâche toutes ses facultés à la livraison accélérée de sandwiches tout frais.

Pendant ce temps-là, son épouse et ses filles — généralement avec des cheveux noirs mais, dans un établissement particulièrement bondé de Cheapside, d'un blond dévastateur — s'occupaient du tiroir-caisse et de la machine à café. Elles travaillaient au bruit des jets de vapeur, faisant mousser le lait dans des tasses en polystyrène. Les filles, à ce qu'il semblait, étaient soustraites, juste en retrait de la première ligne, aux regards torves ou lubriques de tous les hommes qui attendaient dans la queue ; les hommes à l'haleine de café de distributeur automatique, aux cols parsemés de pellicules, et affligés de ces sourds et lourds maux de tête que provoque la combinaison de l'éclairage du bureau et de la constipation causée par trop de sandwiches à emporter.

Il y a deux siècles, ces filles italiennes auraient inspiré ces peintres pour qui la beauté sublime se trouvait dans la servilité féminine en tant que symbole de la pureté morale. A présent, dans leurs chemisiers blancs tachés de café et leurs petites jupes noires, ces jeunes femmes avaient plutôt l'allure de vierges interdites, même si elles répondaient aux regards qui leur étaient destinés en roulant des yeux vides d'ennui.

Ces familles travaillaient aux sombres temps du sandwich à déjeuner. Quelques-unes continuent là leur labeur. Mais au début des années quatre-vingt, on aurait dit qu'une longue et mince bande de lumière se mettait à briller à l'horizon lointain de ce monde obscur ; durant quelques instants encore, il y eut ce calme qui précède l'aurore, jusqu'à ce que le soleil nouveau finisse par se lever, claironné par la promesse « *Tout A Volonté* » — et pour garantir cette promesse, la naissance du sandwich sophistiqué.

Cet après-midi, tandis que je m'enfonçais dans la fraîcheur de l'air conditionné du gigantesque rayon d'alimentation de Marks & Spencer, au coin d'Orchard Street, WI, je pris conscience que mon sentiment d'avoir personnellement atteint la masse critique de mon expérience se trouvait reflété par cette idée plus vaste qu'il y a désormais tout à volonté : les sandwiches, la technologie, les vacances, les chaussures, les voitures, les disques, les chaînes de télé, les restaurants, tout ce que vous pouvez imaginer.

Les touristes adolescents que je venais de voir se traîner dans Oxford Street, avec chacun son petit sac en train de se balancer entre les omoplates, avaient grandi entourés du tout à volonté. Mais ils avaient aussi conscience de ceux qui n'ont rien : ceux qui figurent toujours aux Informations, avec leurs guerres civiles et leurs famines.

C'est là l'incroyable Foutoir. Nous sommes tous au fait de l'incroyable Foutoir et nous vivons presque tous dans un déni constant à cet égard. C'est simplement le Foutoir. Et nous avons donné à notre pensée un tour tel qu'aucun d'entre nous n'en soit effectivement responsable.

Aujourd'hui donc, au rayon du Tout A Volonté — qui est aussi blanc et vivement éclairé qu'une galerie d'art moderne — j'ai choisi un sandwich amplement garni de thon à faible teneur en matières grasses et de maïs sur du pain complet aux oignons rôtis, ainsi qu'une brique de jus de mangue et de pomme, et une sorte de chose biscuitée composée de miel et d'avoine.

Il y avait une assez longue queue et je me tenais derrière une femme qui achetait trois gâteaux meringués à la crème de framboise et quatre bouteilles de Buck's Fizz, pour fêter un départ à en juger par leur allure. Mais pendant tout le temps que j'attendais, la bizarrerie de la journée se fit plus insistante : panique et vide, masse critique, yeux noirs et mousse de homard, tout à volonté... Je fermai les yeux et sentis mes cils se frotter les uns contre les autres. L'air du bureau me dessèche les yeux et je me verse une petite dose de vie avec de l'Optrex.

Vous pouvez quitter le rayon d'alimentation par un escalier mécanique qui vous amène au niveau de la rue. Pendant la brève ascension, vous laissez derrière vous l'odeur froide des fruits frais et des sacs en plastique (le parfum des amuse-gueules thermo-déstabilisés) pour entrer dans la chaleur piquante des lainages. Débarquant de l'escalier, je me frayai un chemin entre des rangées et des rangées de jupes, de pantalons et de cardigans. Je levai les yeux vers les grandes photographies — composées de neuf panneaux reliés entre eux, alignés trois par trois — qui représentent deux jeunes femmes aux corps bronzés et à l'air avenant, qui se détendent en dessous blancs : le sandwich amplement garni devenu chair. Dans toute l'Europe, les hommes contempleraient ces exemples d'une pornographie privée, monolithique — *tout à volonté !* — en rapportant au bureau leurs bouteilles de Buck's Fizz et leurs gâteaux meringués au coulis de framboise et leurs salades emballées à la mode bistrot suivant leur mode de vie à la mode.

Dehors, le soleil continuait à briller. Le coin d'Orchard Street était bondé de rangées de gens qui attendaient, d'un air sévère, de traverser la rue. Un certain nombre d'entre eux portaient des lunettes de soleil. Devant moi, deux adolescentes aux vigoureux cheveux courts, vêtues de pantalons en toile de sac et de maillots de corps d'un vert militaire, étudiaient ces rassemblements d'un air pensif. Elles aussi portaient chacune un sac à dos suspendu entre leurs omoplates. Je voyais la sangle en nylon des bretelles qui commençait à entailler leurs épaules. Elles étaient probablement venues à pied d'un des grands hôtels de Paddington ; les lits ne seraient pas encore faits dans leur chambre en désordre et mal aérée, et leur réveil de voyage à affichage numérique égrènerait les secondes du début de l'après-midi sur la pauvre table de nuit.

Il y a probablement une chaîne moléculaire de phénomènes, où chaque molécule déclenche pour ainsi dire la suivante, qui relie la sangle en Nylon rose de ces bretelles de sac mordantes à l'incinération des tombereaux d'excédents alimentaires et à l'état d'abandon des fermes d'Afrique centrale ; à la chaleur du sable et des rochers sur les pieds nus, et au déploiement à l'infini, devant les yeux exténués de quelqu'un, d'une étendue de terre desséchée.

Au milieu de l'incroyable Foutoir — ce Foutoir aux proportions tellement épiques que vous arrivez à peine à le voir (comme l'un de ces bâtiments qui sont si gigantesques que vous ne pouvez les voir que du ciel) — il y a des choix à faire que nous essayons tous d'éluder. Je me souviens de Paul m'attendant il y a des années sur les marches de Saint-Paul pour me prêter de l'argent. C'était par une journée pluvieuse de printemps. Il portait son long imperméable. Je le voyais faire les cent pas en haut des marches, tenant sa cigarette à hauteur de la poitrine dans une pose d'une élégance naturelle.

Ce souvenir m'est revenu au moment où j'obliquai dans Lumley Street pour franchir les quelques pas restants jusqu'à North Row. Nous devons avoir été si jeunes lorsque nous fîmes les choix qui nous façonnèrent, avant de nier que nous avions un choix, au milieu du Foutoir et du tout à volonté.

Néanmoins je savais, en rapportant mes sandwiches au bureau, que les choix sont une bénédiction dans un monde où le choix est si souvent nié — et que j'ai le choix. Et puis cette pensée s'enfuit de nouveau, comme un poisson plongeant dans l'obscurité des roseaux.

# SIX

« ... un objet d'utilité sociale. »

Je rentrai droit dans cette fin de phrase, comme si elle était restée là à m'attendre. Prononcée comme une chute, sur le ton d'ironie suave que les acteurs comiques impassibles adoptent lorsqu'ils écarquillent les yeux à l'appui d'une plaisanterie, le déclic de cet *aperçu** déclencha une explosion de rire réjoui. Mais je ne voyais pas celui qui parlait au moment où j'entendais ses mots qui amusaient l'autre moitié du bureau.

Je m'assis à mon bureau et vis les formulaires de *Modification des Systèmes d'Exploitation* que j'avais remués plus tôt dans la matinée. Ils étaient bien sûr exactement tels que je les avais laissés : un fatras de feuilles imprimées — des blanches, des roses, des bleues, pêle-mêle. J'en avais tout oublié durant la réunion du matin et l'heure du déjeuner, et, confronté à leur présence opiniâtre, je ressentis ce poids soudain de la dépression morose qui suit le rappel de notre impuissance face à certaines situations.

J'ouvris mon paquet de sandwiches et plantai la paille dans ma brique de jus de fruits. C'est toujours un risque de manger vos sandwiches au bureau

* En français dans le texte *(N.d.T.)*.

après avoir déjà pris votre heure du déjeuner ; mais il y a aussi la possibilité de donner l'impression de passer votre heure du déjeuner à travailler et de simplement grignoter en travaillant. A un certain niveau des emplois de bureau, vous êtes coupable tant que votre innocence n'a pas été prouvée. L'hypothèse directoriale du Nouveau Professionnalisme — selon laquelle tout un chacun se consacre totalement et tout le temps à son travail — n'est pas allée jusqu'à m'englober.

Aujourd'hui, en mordant mécaniquement, morceau après morceau, mon sandwich au thon, j'eus l'impression que si je ne saisissais pas, d'une manière ou d'une autre, les sentiments qu'éveillaient en moi ces états étranges, je passerais à côté d'un événement vital dans mon existence. L'idée qu'au milieu de tout, le choix existe.

Paul calcula un jour qu'un homme aurait mangé à son bureau un sandwich au thon de la taille d'une petite voiture durant la période où il l'aurait connu, en raisonnant sur la base d'un sandwich au thon par jour, cinq jours par semaine, pendant tant d'années, etc. , etc.

Aucun de mes assistants ne se trouvait à son bureau. Par la fenêtre de l'autre côté de la pièce, j'apercevais un petit carré d'ombre glissant sur le flanc d'un immeuble alors qu'un nuage passait en dessous du soleil. Rien qu'à le regarder, l'air semblait plus doux. Je continuais à mastiquer, au son de voix indistinctes et d'une brusque explosion de rire. Ce ne pouvait être que Mike Catherall. Ce bruit parvenait de la moitié du bureau qui était soustraite à la vue. J'aimerais pouvoir expliquer combien je me sentais attiré par le réchauffement du jour à l'extérieur, mais je ne puis que décrire ce que je voyais par la fenêtre — des immeubles au soleil — que comme de la bienveillance. *La bienveillance de l'honnêteté irréprochable.*

Il y a des années, dans d'obscurs salons de banlieue, où tous les adolescents avaient l'air beau et bronzé à la lueur cramoisie des éclairages tamisés des surprises-parties, je découvris mon aptitude à engendrer l'indifférence. A la soirée d'anniversaire des dix-sept ans de Susan Henshaw, par exemple. Christine Kleenex disait que c'étaient les solitaires de ces réceptions qui désiraient le plus être de la fête. Comme ils paraissaient romantiques ces jardins de pavillons de banlieue, remplis de magnolias en fleur, lumineux dans le crépuscule. Des filles que je n'avais jamais vues auparavant, sveltes et désinvoltes, étaient plongées dans des conversations à perdre haleine dont je m'imaginais toujours qu'elles projetaient la réalisation de quelque secret plaisir vertigineux — le sommet, le point culminant.

On approchait à présent de deux heures et demie. Perry apparut, l'air d'un hibou et la mine réjouie, de derrière la tenture de séparation. Il s'assit à son bureau en arborant l'expression de quelqu'un de réjoui par un bon repas. Se renversant dans son fauteuil, il lança « Exactement ! » à quelqu'un que je ne voyais pas. Puis il jeta un coup d'œil et me demanda si je savais à quel moment devait avoir lieu le pot d'adieu de Frankie et d'Irène.

Nous bavardâmes quelques instants et je remarquai que nous adoptions tous deux un accent sautillant. C'est là un réflexe qui se produit au bureau chaque fois que vous modifiez tout simplement votre accent pour vous mettre au diapason de la personne à qui vous parlez. Les employés bien élevés commenceront par essayer de parler comme de vrais Cockneys dans certaines circonstances, mais s'empresseront de revenir à leur parler naturel dès que leur patron entrera. Perry, après avoir flirté avec les exclamations de l'est de Londres dans l'autre moitié du bureau, me parlait à présent comme si j'étais son médecin. Mais il faut dire, en marque de reconnaissance pour sa familiarité, que je répondais sur un ton subitement enjoué.

Dans une confusion de rires ineptes mais amicaux, nous convînmes que nous ferions mieux de rappliquer tous deux au pot d'adieu de Frankie et d'Irène. Là-dessus le téléphone de Perry sonna et Anne entra, serrant dans sa main une liasse de papiers.

« Je n'arrête pas d'oublier ces foutues caisses. » Elle se faufila autour de celles-ci en retenant son souffle de manière appuyée.

« Nous avons juste parlé de tous les trucs que nous allons devoir laisser derrière nous », dit Perry, recouvrant le téléphone de la coupe de sa grosse main, « et aussi des gens que nous allons devoir laisser ». Il baissa les yeux vers son bureau en revenant à sa communication, mais il me sembla qu'il avait jeté un regard dans la direction d'Anne. Un genre de plaisanterie que je n'étais pas censé remarquer. « ... un objet d'utilité sociale... » ; la formule me revint à l'esprit et me rendit triste. Le sommet et le point culminant s'étaient toujours trouvés une colline trop loin. J'imaginais une chambre sombre de jeune fille en banlieue, telle qu'elle aurait pu être il y a des années de cela, avant qu'elle se marie. Une plume de paon dans une bouteille d'eau minérale vide ; une collection de disques ; un filament de lampe écarlate qui tremblote tristement.

Puis ce fut Dave qui rentra à grandes enjambées dans la pièce, faisant étalage en public d'un débordement d'énergie. Il arborait son expression la plus grave, pour signifier qu'il voulait que tout le monde sache que quelque chose le contrariait. Lorsque cette humeur le prend, une petite crevasse apparaît, telle une entaille, au bout de son nez. Il avait ôté sa veste, et les manches de sa chemise bleu pâle étaient retroussées jusqu'aux coudes.

Il y a un style particulier que Dave met en exergue. C'est une sorte de fluidité d'outre-Atlantique mais l'effet est étrangement efféminé. Cet après-midi, par exemple, les doubles manchettes de sa chemise, qui permettaient à ses boutons en or carrés de se balancer librement comme des pendeloques, allaient de pair avec le lainage gris de son pantalon qui semblait juste un petit peu trop tendu sur son joli derrière. L'image d'ensemble suggère le confort, d'une façon qui semble trop satisfaite d'elle-même.

« Je croyais que tu étais parti déjeuner ? » dit Perry.

Dave marmonna juste je ne sais quoi et s'assit à son bureau. Puis il regarda les caisses bleues de déménagement et fit la grimace. Lui aussi les avait totalement oubliées pendant l'heure du déjeuner. « Super », dit-il.

« C'est drôle, non, la façon dont nous avons eu cette grande réunion ce matin, à propos du déménagement, et comment on passe ensuite à autre chose et on continue à l'oublier ? » C'était Anne qui parlait.

« Nous devons appeler cela une "migration", pas un déménagement », dit Perry. Ses propres affaires — quelques dossiers, quelques chemises — étaient déjà emballées. « Le syndrome des bureaux climatisés, c'est quand vous recevez trop d'ions positifs, non ? » poursuivit-il, en parlant comme du fin fond de quelque calcul personnel, pour lequel la bonne réponse nécessitait la connaissance de quelques faits supplémentaires.

« Ce n'est pas la maladie des bureaux climatisés », dit Anne. « Ce l'était avant qu'ils le remettent en état ; à présent, c'est simplement... »

« Qu'est-ce qui ne va pas ? » Perry ignorait Anne et regardait Dave, qui refermait violemment les tiroirs de son bureau au fur et à mesure qu'il en retirait des dossiers remplis de feuilles volantes.

« Je te raconterai plus tard. »

Le ton de Dave était brutal, mais il conférait à Perry le statut d'homme de confiance, qui acquiert le sentiment de sa masculinité, par procuration, de ses collègues mâles.

« Mais il faut reconnaître que c'était l'amiante, ce qui était pire. » Anne s'adressait maintenant au bureau dans son ensemble ; et je lui racontai comment je gardais le souvenir des entrepreneurs aménageant des couloirs à l'intérieur des couloirs au moyen d'une sorte de revêtement bleu hermétique, et comment il y avait tous ces hommes qui tournicotaient dans ce qui ressemblait à des combinaisons spatiales, tandis que les gens restaient assis à leurs bureaux, oublieux de tout cela, sans même ne serait-ce qu'un mouchoir sur la bouche. J'ai dû titiller chez Anne la corde de l'humour, car lorsque j'eus terminé l'histoire — je parle plutôt doucement — elle se tourna sans attendre vers Perry et Dave pour dire : « Vous avez entendu ça ? Ils ont construit... »

A cet instant précis, Kate arriva. Kate la charmeuse. Mais un simple coup d'œil suffisait pour voir que quelque chose ne tournait pas rond. Elle gagna rapidement son bureau la tête baissée. Elle avait le visage empourpré et les yeux un peu rouges. Elle s'essuyait le nez avec un bout de mouchoir en papier froissé en boule. Dave leva le regard vers elle, puis continua à retirer des affaires des tiroirs de son bureau et à les lancer plus ou moins dans l'une des caisses. Couche après couche les détritus du bureau furent partagés entre la poubelle et les caisses, y compris une page déchirée d'un magazine pornographique et un coupe-papier au manche en os, dont Perry dit qu'il le prendrait si Dave n'en voulait pas. Anne, de son côté, s'efforçait de trouver une expression qui mariât à l'égard de Kate le souci d'une sœur et le respect de la vie privée de quelqu'un d'autre ; le résultat, c'était qu'elle ne cessait de se mordre la lèvre inférieure. Inutile de dire qu'une atmosphère de tension et de gêne avait gagné le bureau.

Statistiquement, c'est à quatre heures et demie le mardi après-midi que, dans un bureau, le moral des gens est au plus bas. Aujourd'hui, j'ai, semble-t-il, heurté de mon propre chef cet écueil deux heures plus tôt et le mauvais jour. Après avoir éprouvé de tels changements d'humeur, et ces instants de sensibilité exacerbée, après avoir vu la lumière au-dehors comme de la bienveillance, je sentais à présent revenir mes vieux ressentiments.

La vérité (me disais-je à moi-même), c'est que mon patron me hait et que mes collègues me trouvent simplement ridicule. Ma foi, peut-être que « haine » est un mot trop fort pour décrire les sentiments de Potter à mon égard. Son irritation vis-à-vis de mes manquements s'est simplement muée en prémices d'une aversion personnelle. Et le pire, c'est que je ne l'en blâme pas. Pour être honnête avec vous, je crois que la situation tout entière n'est plus en main. Et cet après-midi, j'étais déchiré entre l'envie de donner ma démission et la terreur du chômage — « nulle part où aller sauf chez soi », comme je le notais au début. Mais j'ai besoin du fric.

Cependant, il n'en a pas toujours été ainsi. Lorsqu'ils m'ont embauché ici, à North Row, ils m'ont dit qu'ils étaient contents de ma présence à bord. Potter lui-même me prenait souvent à part pour de petites conversations confidentielles sur tel ou tel aspect du service, et il me parlait comme à un égal — baissant la voix si quiconque venait à passer à portée, et me souhaitant un bon week-end lorsqu'il passait la tête par la porte les vendredis soir.

Je trouvais cette attention à la fois embarrassante et flatteuse. Elle me donnait envie de travailler dur pour l'entreprise, mais il y avait juste quelque chose qui clochait. J'avais toujours peur de dire ce qu'il ne fallait pas, et il m'arrivait de m'éloigner de ces petites conversations avec des demi-cercles dans les paumes de mes mains, là où j'y avais enfoncé mes ongles. C'était jadis, au temps d'avant les moquettes grises et des Quatre Assistants de l'Apocalypse.

Qu'est-ce donc qui s'est mis à clocher ? Car quel que soit mon désir d'incriminer le bureau de mon ennui, de mon amertume et de mon absence de promotion, je sais au fond de moi-même — ou je l'y ai découvert, aujourd'hui — qu'une partie de moi-même a voulu tourner de la sorte. Il y a longtemps que je me dis que les gens comme moi sont tout simplement incapables de faire de la vie de bureau une réussite. Mais pourquoi ?

C'est en partie lié au fait d'être déphasé ; mais il faut avouer qu'il y a quelque chose d'autre, une qualité qui nous rend difficiles à aimer, et qui nous tient à l'écart du professionnalisme bon teint. Perry, par exemple, est toujours présenté comme « facile à vivre » et comme « un brave type ». Peut-être, en définitive, que c'est fonction de votre aptitude à participer. Les gens incapables de participer sont comme ces gens dont les noms ne sauraient devenir célèbres, quel que soit le nombre des œuvres de ceux qui les portent.

Dans le passé j'ai cru que ce qui clochait, c'était l'habituelle spirale déclinante susceptible de briser toute carrière bureaucratique : l'ennui conduit à la négligence de ses devoirs, qui conduit à des fautes, qui conduisent à des blâmes, qui conduisent à un manque de confiance, qui conduit à davantage de fautes, à davantage de blâmes, à l'absence de motivation et à davantage d'ennui. De la même façon que l'économie d'une ville courant à la faillite et dont, alors, le taux de criminalité grimpe.

Mais à mon deuxième jour à North Row j'avais une telle envie de briller. Le néophyte imberbe, marchant d'un pas fier au travail. J'étais en charge de douze grands livres de comptabilité, remplis de feuilles de papier délicatement quadrillées, couvertes de minuscules colonnes de chiffres. De nos jours, bien sûr, tout se fait sur des ordinateurs ; mais mon premier boulot était de contrôler les totaux de ces chiffres, et d'en extraire, si vous voulez, une signification. J'étais un homme-orchestre de Waste, sans le spectacle des allures de matador qu'adoptait Les pour trouver les chiffres omis dans un total établi au fur et à mesure. Ces livres étaient appelés « les Stats ». Il y avait derrière mon premier bureau à North Row une étagère où on les gardait. Pour être plus précis, les Statistiques devaient être continuellement mises à jour à partir de feuilles intercalaires diaphanes — parfois solitaires et élégiaques, en grosses liasses à d'autres occasions — qui arrivaient dans des enveloppes de courrier interne à mon nom. Et c'était la vue de mon nom sur ces enveloppes qui me stupéfiait. Je trouvais difficile de croire que j'avais mené ma vie de façon à arriver derrière ce bureau, seul responsable du contenu stupide de ces enveloppes marron. « Comment est-ce arrivé ? », me demandais-je fréquemment.

Au début, j'essayais de bien m'acquitter de ma tâche. Je gardais mon registre personnel (sans qu'on me le demande) de tous les ajustements des Statistiques que j'avais insérés dans les dossiers eux-mêmes. Potter s'en aperçut et vanta l'innovation à la réunion hebdomadaire du personnel. Ce qui était gentil de sa part, je suppose, mais j'avais dressé là ma propre potence. Tout d'abord, les anciens du bureau crurent que je les faisais passer pour des paresseux, ce dont ils m'en voulurent. Et en second lieu, je m'aperçus rapidement que cela me prendrait toute la journée de tenir mes deux registres de corrections des Statistiques, l'un officiel, l'autre auxiliaire, si bien que je laissai tomber mes registres personnels.

Par la suite, naturellement, Potter demanda à les voir. En découvrant que j'avais abandonné mon nouveau système, son expression tandis qu'il regardait dans mon petit livre — comme quelqu'un qui lit les dernières entrées du journal d'un marin naufragé devenu fou d'avoir bu de l'eau de mer — vira de l'inquiétude au chagrin. Et rien ne fut plus jamais comme avant entre nous. Les Statistiques prirent de l'ampleur, pour devenir des « Systèmes », et je m'occupe des *Modifications des Systèmes.* Par parenthèse, ces petites feuilles de papier s'appelaient « les mortes ». Je viens de m'en souvenir.

Je n'ai pas à me donner beaucoup de peine pour

retrouver mes souvenirs de bureau, c'est comme si chacun de ceux où il m'est arrivé de travailler demeurait toujours là, autour de moi, tel un paysage, et je les vois tous chaque fois que je lève les yeux de ma table.

Aujourd'hui, ce paysage semblait s'étendre aussi loin que porte la vue, et j'avais le sentiment de le connaître sur le bout des doigts, car c'est aussi mon expérience accumulée : les vallées de l'ambition décroissante tombent des montagnes de l'espérance, et au fond de la vallée vous découvrirez que les rizières du ressentiment sont irriguées par les ruisseaux du temps perdu. Je pourrais vous peindre un tableau, dans le style allégorique classique, qui représenterait la chose tout entière. Mais je voudrais être sûr de montrer ce paysage dans une chaude lumière ambrée : le soleil bas d'hiver des Plaisirs Compensatoires.

Comme n'importe quel employé de bureau vous le dira — aucun, en réalité, ne le fera — les Plaisirs Compensatoires sont ce qui maintient la chose tout entière en état de marche. Pas seulement le bureau, mais la chose tout entière. Les Plaisirs Compensatoires s'expliquent à peu près tout seuls : ce sont toutes les récompenses, grandes et petites, que nous nous accordons à nous-mêmes pour nous maintenir en état de continuer. Ils tendent à créer une accoutumance. Leur existence, et notre dépendance à leur égard, alimentent l'économie de consommation, le capitalisme, la société et ainsi de suite. Ce sont les petits plaisirs et les habitudes que nous prenons afin de compenser une qualité dont nous sentons qu'elle fait défaut ou qu'elle a été dérobée à nos vies. Ceux-ci sont donc, simultanément, les anesthésiques propres à apaiser le ressentiment. Et plus l'on travaille dans le ressentiment, plus grand est le besoin de Plaisirs Compensatoires.

Au cours des années de jours de travail à Londres, j'ai vu bien des formes différentes de Plaisirs Compensatoires. Dès que vous vous mettez à y songer, ces plaisirs ont tendance à remplir votre champ de vision. Vous pourriez être enclin à penser à l'extrémité la plus acérée de leur séduction : l'alcool et le sexe à vendre susceptibles de tenter l'employé de bureau plein de ressentiment sur le chemin de Victoria ou de Charing Cross. Mais ces économies-là sont moins importantes, dans l'ordre des Plaisirs Compensatoires, que les versions plus subtiles — du fait de devoir emprunter le même itinéraire, chaque jour, à celui de découvrir que certaines habitudes sont devenues des nécessités. Les Plaisirs Compensatoires ont aussi tendance à obscurcir votre vision de ce que vous attendez vraiment de votre vie : ils sont la dose de gratification instantanée, à court terme. Dans les Cours de Formation des Cadres, ces temps-ci, ils utilisent beaucoup la programmation neurolinguistique — une sorte de lavage de cerveau, fondé sur la pensée positive — et au cœur de cette technique réside la question : « Qu'est-ce que vous voulez ? »

A cette question, les Plaisirs Compensatoires vous offriront un tas de réponses fausses, se présentant comme des vérités, mais ils maintiennent tout le fourbi en état de marche, du Logement pour ceux qui débutent dans la vie au Plan de Retraite. On peut les rendre sains, je suppose, mais cela exigerait une prise de conscience de la chose tout entière — le Tout A Volonté et l'Incroyable Foutoir. Peut-être parvient-on à cette conscience par le sentiment de panique et de vide.

Je pensais cela, et je venais de finir de séparer les feuilles blanches des Systèmes, lorsque je remarquai, collé à l'angle vicieux de l'écran du moniteur de mon ordinateur (qui était, comme d'habitude, du même vert humide et froid qu'une retenue d'eau stagnante) un post-it jaune pâle avec trois mots et deux initiales griffonnés dessus : « Passe me voir. B.P. »

« Oh, il a laissé ça juste après que tu es parti déjeuner », dit Anne, qui m'avait observé. Je fis la grimace du « je me demande bien ce que tout cela signifie ? » et partis tranquillement dans le couloir pour m'atteler à la photocopie. Le vieil art de la photocopie est tombé dans une certaine désaffection, depuis que nous nous sommes tous enrôlés dans les cohortes en marche de la Technologie de l'Information. En cela, son sort ressemble à celui du liquide correcteur — qui apparaît rarement par les temps qui courent dans les minces brochures sur papier glacé du service des fournitures de bureau, et qui doit sembler préhistorique aux yeux de l'assistant mince et luisant qui en passe commande.

Ce n'est pas que je sois rebelle à la nouvelle technologie : c'est juste que toute l'obéissance et les génuflexions avec lesquelles on la vénère me cassent les pieds. Il faudrait ajouter, je crois, que c'est là, en profondeur, un autre trait masculin du bureau. Toutes ces mémoires vives, tous ces disques durs et ces octets et ces réinitialisateurs. J'agaçais les hommes d'en bas en appelant notre système le Gicleur de Mots excentrique.

A propos des noms, j'ai remarqué qu'il existait un type particulier d'employées de bureau patriciennes, généralement proches de la trentaine, qui portaient toutes des noms qu'on dirait sortis d'un dictionnaire de gynécologie. Sûres d'elles-mêmes, l'épiderme impeccable, leurs noms ont des résonances du genre Vulva, Vagina, Clitoris et Labia. Vous les imaginez répondant au téléphone par des « Vulva n'est pas là pour le moment », ou des « Je suis désolée, Clitoris n'est pas à son bureau ; c'est Vagina, puis-je prendre un message ? »

Non que des femmes de ce type travaillent à North Row. Nous avons un très grand nombre de Nathalie et de Tracey — tous les noms se terminant en « y » et en « ie » — qui doivent constituer une sorte de classe asservie à celle des noms en « a » et en « is » du registre gynécologique des jeunes femmes chic qui travaillent.

La photocopieuse est gardée dans un espace sans fenêtre entre deux portes coupe-feu, dont l'une était maintenue ouverte par un extincteur lorsque je suis arrivé cet après-midi muni de mes feuilles. J'aime cet endroit, avec ses murs gris pâle, et son odeur puissante de produits chimiques propres et modernes. La lumière y est diffuse comme sous l'eau. En tant qu'espace, cette zone n'a pas eu droit à une reproduction encadrée, mais il y a une boîte en verre vissée dans le mur, sertie dans du métal rouge, et pourvue d'un petit marteau en acier attaché par une chaîne délicate. Chaque fois que je me tiens là, regardant la lumière blanche et plate de la photocopieuse aller et venir dans un bourdonnement ponctué de heurts, je pense à l'expression « forme et fonction ».

Aujourd'hui, cette expression se trouva soudain mêlée au son d'une voix de femme qui disait « foutu ». Je crus d'abord que j'avais dû l'imaginer. Alors que je pensais « forme et fonction », elle avait dit « foutu » ? Cela ne paraissait pas vraisemblable. Je fronçai les sourcils, et entendis alors une autre voix de femme qui disait, dans un murmure extatique pressant et chuintant de petits rires, « Chut... ! » Et il y eut alors un autre bruit de choc, au moment de la copie d'un autre formulaire (blanc) de *Modification des Systèmes,* quand la reproduction glissa avec grâce dans le bac de réception. Les deux voix de femmes s'étaient arrêtées, et bien que je ne pusse en réalité voir qui parlait — elles se trouvaient juste derrière la porte à l'intérieur du bureau voisin — je savais que l'une d'elles essayait de retenir son souffle pour ne pas éclater de rire.

Puis, à l'instant précis où je redressais mon document original suivant — je n'arrive jamais à trouver d'instinct, comme certains, les lignes de démarcation du format A4 — l'une des femmes passa la tête par la porte, un peu à la manière de Charlie Chaplin lorgnant au coin d'un mur d'immeuble pour voir si le gros agent de police était parti. Je ne connaissais pas le nom de cette femme, mais je la reconnus comme une des amies d'Anne : membre d'une clique qui s'était acquis le titre de « Ragots Brûlants ». Agée, à première vue, d'un peu moins de quarante ans, cette femme arbore une lourde frange d'abat-jour et des cheveux auburn tirant sur l'orange. Elle se surcharge les cils de mascara et se présente elle-même aux réunions du bureau comme une vraie petite noceuse. Il se trouve que je sais aussi que sa salle de bains est d'un ton nommé « Murmure de Pêche » car je l'ai entendue en parler un jour que je passais dans le couloir. Et elle a un ami qui a hérité d'un pub dans l'ouest de Londres, quelque part près de Kensal Road.

Après m'avoir dévisagé pendant une dizaine de secondes, d'un regard où se mêlaient la suspicion et l'indignation, elle parut soudain me reconnaître comme une personne de peu d'importance. Elle releva un peu le menton au moment où je m'autorisai enfin à lui retourner son regard, avant de retirer sa tête et de retourner à sa collègue invisible. Je fais, à ce qu'il semble, partie de ces gens que personne ne considère comme une menace. Parfois, lorsque je capte le coup d'œil évaluateur d'un collègue de travail, au moment où mon entrée dans la pièce l'interrompt dans son anecdote, j'ai le sentiment d'avoir l'air d'un homme de main sourd et muet dans une histoire d'espionnage. Je porterais un complet noir poussiéreux, et m'appellerais Block.

Tel était le cas cet après-midi à la photocopieuse. Mais plutôt que d'essayer de mettre un bémol à son histoire au nom de la discrétion, Frange d'Abat-jour sembla se complaire dans les détails. Elle regarda même pour voir si j'écoutais, tandis que les nouvelles brûlantes de l'heure du déjeuner enflammaient jusqu'à l'air environnant de leur contenu particulièrement épicé. Et je savais, presque avant qu'elle continuât de parler, que cette histoire allait impliquer Kate, mon assistante. Dans ces couloirs arides, les ragots de ce genre se propagent comme des feux de broussailles ; et, comme des feux de broussailles, les causes de tels ragots ont tendance à couver un bon moment — juste en dessous de la surface de la notoriété publique — avant qu'une bourrasque de publicité ne vienne enfin les faire partir en flammes. Telle est la nature des liaisons de bureau.

Simon et Kate, s'ébruita-t-il, venaient d'être dénoncés au bureau de l'Accueil et de la Sécurité par un coup de téléphone d'un certain M. Kanova. Celui-ci s'avéra n'être autre que notre mystérieux voisin de l'immeuble d'habitation qui se trouve en face du bureau ; pour être plus précis, c'est celui dont la rumeur prétend qu'il a un laboratoire nanotechnologique contenu dans une micro-puce implantée dans la glande pinéale. Kevin Waters était allé jusqu'à dire que cette puce avait été installée par des extraterrestres de façon telle que toute tentative pour l'ôter tuât son porteur.

Mais toutes les informations retransmises à ces extraterrestres cet après-midi par la puce de M. Kanova auraient probablement contenu une description plutôt détaillée du comportement sexuel des humains. Il me semblait étrange que Kate et Simon aient choisi le toit pour leurs rendez-vous — à moins que, à un niveau inconscient, ils aient désiré se faire prendre, et voir rendue publique leur relation. Grinch, après tout, est marié et père de trois enfants.

Ragots Brûlants discutaient l'affaire par le menu, d'un accent sautillant sur un ton de voix qui assurait que la chute était pittoresque à souhait.

« ... donc il s'appuie contre, tu sais, le machin qui entoure... »

« Avec elle ? »

« Ma foi, tout ce que je sais... »

Je me débranchai de leur conversation et calculai que j'étais probablement en train d'arpenter Marks et Spencer au moment précis où Kate et Simon cédaient à la voix de leurs bons sens. J'imaginais Dave écrivant une lettre décrivant l'événement à l'un de ses magazines : « Il y a au bureau où je travaille quelques nanas fantastiques, et l'une d'elles... » Mais cela ne convient pas à la personnalité de Kate, quel qu'ait pu être le degré d'adéquation à la Kate fétichisée bâtie de toutes pièces dans l'atmosphère de frustration extatique du désir au bureau. J'imaginais combien tout cela devait être abominable pour Kate — les hyènes avaient fini par abattre l'antilope : Je te tiens !

« Mais le toit ! » C'était Abat-jour qui parlait, s'abandonnant avec délices à l'incrédulité.

« Ma foi je dis qu'ils sont assez âgés et assez dingues. Ce n'est pas comme si... »

« Et le pauvre vieux Georges a dû monter là-haut pour leur dire d'arrêter ! Je suis surprise que l'ascension ne l'ait pas tué, sans parler du scandale... »

Pareils événements sont assez courants. Mais, me demandais-je, cette histoire serait-elle refoulée et enterrée, pour rejoindre les archives Ultra-Secrètes de la bibliothèque interdite des ragots de bureau de North Row ? Ou bien se sédimenterait-elle en prenant des couleurs vives, au long des courants de la rumeur, de bureau en bureau ? Elle rejoindrait alors l'histoire de ce couple qui baisait sur le bureau de Potter, et du trio qu'on avait soi-disant surpris au sous-sol. Ces légendes deviennent une part des Plaisirs Compensatoires, qui se retournent dans les têtes des employés masculins, du moins, comme appartenant à la vie secrète du travail. Et M. Kanova a émis son message.

La liaison de bureau fait autant partie des articles de bureau que le classeur à trois tiroirs et la chaise orthopédique des dactylos. Collationnant mes photocopies dans l'ordre de la pagination de l'original, je me demandais comment Kate et Simon s'adapteraient à leur nouvelle réputation. Ce ne serait qu'un autre élément — un tout petit sous-maillon, dépourvu d'importance — de l'Incroyable Foutoir. Dave, d'un autre côté, se comporte plutôt en propriétaire à l'égard de son équivalente féminine, et le pot d'adieu d'Irène et de Frankie pourrait encore virer au grand opéra, où l'on regarde bouche bée les arias, plus qu'on ne les chante.

Il y a des pubs à l'est de Fitzrovia, d'obscurs petits pubs solitaires, nichés dans les immeubles entre Cleveland Street et Gower Street, où les idylles de bureau du West End inclinent à se cacher pendant l'heure du déjeuner. Patins roulés à l'ombre du Département de Toxicologie de l'Hôpital du Middlesex. Mais je n'avais plus de place pour de nouveaux souvenirs, absorbé que j'étais cet après-midi par des questions plus vastes de destinée.

Je sus que quelque chose clochait dès l'instant où je remis les pieds dans le bureau. On aurait dit que tout le monde me dévisageait. Et c'était parce que tout le monde *en effet* me dévisageait, à l'exception de Kate, qui était penchée sur des papiers de son bureau et ne communiquait du regard avec personne. Au milieu de la pièce, à peu près la moitié des caisses bleues étaient remplies de dossiers et d'articles. Pour être franc avec vous, l'endroit paraissait sens dessus dessous.

L'autre chose que je remarquai, c'était que le bureau semblait bien plus peuplé que d'habitude ; c'était comme si tous ceux qui me connaissaient à North Row se trouvaient dans la pièce. Je supposai que ce silence temporaire était dû au retour de Kate de son rendez-vous d'amour épié sur le toit, et que tous les gens qui passaient la tête dans notre bureau, ou qui se tenaient en rond à un bout de la pièce, étaient venus observer en badauds des bavures de mascara et des démissions soudaines.

Tel aurait pu fort bien être le cas. Je n'ai jamais pu m'en assurer, car ce fut à cet instant, au moment précis où je regagnais mon bureau d'un pas nonchalant, que deux choses se produisirent qui ébranlèrent une fois encore ma journée. En premier lieu, mon regard tomba soudain sur Anne ; elle avait l'air extrêmement effrayée, et elle essayait de me dire quelque chose sans se faire remarquer, quelque chose d'urgent. Mais pourquoi son visage se trouvait-il au niveau de mon bureau ? Il me fallut me pencher pour essayer d'entendre ce qu'elle disait, dans son murmure enroué, rempli de peur panique. Il me plut de croire que je répondis par une mimique qui se voulait de souci amical, mais je sais à présent que mon visage a dû paraître celui d'un idiot.

Je le sais, car je n'avais pas plus tôt gratifié la brave Anne d'un hochement de tête encourageant pour l'amener à parler un tout petit peu plus fort, que je fus secoué par un claquement soudain, et le bruit de mots mitraillés à mon adresse d'une voix glaciale, hachée et qui contenait à peine sa colère. C'est ce que je me rappelle surtout : que la colère de Potter visait directement au cœur même de mon être, cette partie qui avait atteint, si vous voulez, la masse critique.

J'ai une expérience très réduite de la colère, ayant évité celle des autres gens, pour la plupart, et ingéré la mienne en la muant en dépression ou en ressentiment. D'où ma crainte de cette colère se changeant en étranger à bord d'une maladie dissimulée. Mais cet après-midi, en face de presque tous ceux qui me connaissent à North Row, Potter finit par laisser libre cours à sa fureur devant ma prestation de ces quelques dernières années. Dans cette mesure, le rituel de l'humiliation avait le même auditoire qu'un pot d'adieu.

Le visage de Potter avait viré au rouge et ses yeux étaient fixés sur les miens, comme s'il essayait de me faire tomber à genoux sous le simple poids de son dégoût. Le détonateur avait été un bout de paperasserie égaré ; mais ce bout de paperasserie égaré était devenu, aux yeux de Potter, un symbole de mon mépris pour le bureau et, par extension, de mon mépris personnel pour lui.

« Tout simplement impossible de compter dessus pour... »

Arrivaient à présent les déclarations défendues : les paroles que vous n'êtes pas censé dire en public. C'était la raison pour laquelle les groupes avaient afflué, attirés par les tombereaux du juge procédant à la pendaison.

« Il est de votre responsabilité que ces dossiers soient tenus en ordre. A quoi croyez-vous que Dave, Perry et... Anne passent leur temps ? Hein ? Croyez-vous qu'ils aient le temps de trier votre foutoir ? Allons, le croyez-vous ? Ils sont trop occupés à aller vérifier de tous les côtés que les simples tâches sont effectuées. Vous êtes censé être un Chef d'Equipe bon Dieu de bois... Et qu'en est-il des *Modifications des Systèmes* ? Où se trouvent-elles ? »

Je lui tendis mes photocopies, qu'il feuilleta sans les regarder. Il répétait sa prochaine réplique.

« Inutile. »

Il rejeta les papiers sur mon bureau et se mit à farfouiller dans tout le reste de la paperasserie. Puis il s'arrêta, et me regarda. « Alors ? » Mais je ne trouvais rien à dire. Mon expression, malheureusement, a dû avoir tout l'air d'un haussement d'épaules. De calme, la pièce était devenue silencieuse. A moins qu'au loin, peut-être, je n'entendisse quelqu'un commencer un appel téléphonique par des formules professionnelles nettes et précises, rutilantes de vertu. J'étais le seul à puer.

Et là-dessus je me souvins de ce que Paul m'avait dit un jour : *la voie de l'illumination n'est atteinte que lorsque tu as été humilié devant la tribu.* L'ego doit être brisé. Et sous l'effet de cette pensée, ma colère montante commença de retomber, et la plus délicieuse expérience de paix intérieure envahit mon corps tout entier. J'avais songé aux utilisations de la colère incontrôlable dans un espace contrôlé ; en d'autres termes, j'avais sérieusement envisagé de m'emparer de la lourde agrafeuse en métal (de la taille et du poids d'un lingot d'acier) pour frapper Potter sur le côté de la tête. Vous penserez qu'il ne s'agit là que d'une bravade après la bataille, mais j'avais bel et bien senti ma main se mouvoir vers cet objet contondant.

Et donc je ne dis rien, mais regardai au-delà de Potter, et puis plissai les yeux. Je ne pouvais pas vraiment lui faire grief d'avoir perdu patience ; c'était si évident que tout avait tourné à l'aigre dans nos rapports, et qu'il fallait que quelque chose changeât. Mais quoi ? Il me tourna le dos pour se diriger vers la porte. Sa tête était baissée, comme s'il était plongé dans la réflexion.

Tout doucement, je m'assis à mon bureau et regardai la pièce à la ronde. Dave ruminait. Perry, comme à son habitude, jacassait dans son téléphone, et Kate avait manifestement quitté son corps. A présent que la saison de la chasse à la blonde à peau bronzée était ouverte, elle se retrouvait sans défense. Elle pouvait soit tourner toute l'affaire en dérision, et passer pour piquante, soit tenter de défendre sa dignité par le silence. Pour nous deux il était encore trop tôt pour savoir si les équations de la réputation se résoudraient d'elles-mêmes.

« Il a été de mauvais poil toute la journée », dit Anne.

« Moi aussi. »

Elle me fit un petit sourire lorsque je lui répondis ainsi ; et au moment où elle le fit je me mis presque à être pris de panique de me sentir à ce point éloigné de tout ce qui m'entourait. Si Kate avait, elle aussi, quitté son corps à la suite du traumatisme, il y avait alors toute chance que nous puissions nous rencontrer tous deux quelque part au-dessus des toits, comme les amants de Chagall de la salle 404.

Les groupes qui avaient été témoins du tir du Missile de Potter s'étaient à présent dispersés, et j'eus l'impression que ma place en bas de la chaîne alimentaire des personnalités du bureau avait simplement été confirmée par l'humiliation publique de se faire passer un savon par un homme qui n'a probablement guère plus de cinq ans de plus que moi. J'essayai de déterminer si je haïssais ou non Potter, ou si je haïssais les gens qui s'étaient arrêtés pour assister à sa manifestation de colère. Mon instinct était bien sûr de tenter de me sentir supérieur au bureau ; c'étaient les derniers vestiges d'une superbe, que mon humiliation rituelle devant la tribu ne tarderait pas à disperser. Et là-dessus, je me souvins de Charlie Smith.

Avec un nom pareil, vous vous imaginez quelque Cockney poil de carotte doté d'une réserve d'esprit et de sagesse acquise à l'Université de la Vie. Mais il n'en allait pas du tout ainsi de Charlie Smith. Le fait qu'il parlât toujours de lui-même comme de Charles peut vous en apprendre assez long sur l'histoire de Charlie. Il était assez aimable, mais distant, et il s'exprimait avec ce qui passerait de nos jours pour une parodie virtuelle de l'accent anglais aristocratique. Mais ses origines à ce qu'il me semble — il avait à peine plus de la soixantaine lorsqu'il fut mis à la retraite de North Row — étaient ouvrières, de quelque part dans les Midlands.

Autodidacte et autorecyclé en esthète urbain, las du monde, Charlie Smith était extrêmement cultivé, et même les cadres supérieurs faisaient preuve d'un grand respect en s'adressant à lui. Et puis un jour j'ai pris conscience qu'ils cherchaient simplement à lui faire plaisir. C'était un commis à l'ancienne mode, et il n'avait jamais vraiment voulu s'élever de sa condition. Il allait jusqu'à se décrire lui-même comme « un prolongement moderne d'un personnage de Dickens ».

Le matin, il se faisait infuser sa propre petite théière de Lapsang Souchong et les abords de son petit bureau se remplissaient de sa bonne odeur de fumée. Il déclamait de la poésie sur un ton théâtral, chaque fois qu'il voulait se moquer d'un événement dans la politique du bureau. « L'Assyrien s'est jeté comme le loup sur l'enclos à moutons* » — lorsqu'on voyait un responsable marcher à l'assaut du bureau d'un autre responsable ; ou bien : « Au bercail ils ramenaient leur guerrier mort** », lorsque le même responsable revenait, abattu, d'une réunion moins que victorieuse. Célibataire, Charlie Smith s'était bardé de culture pour tenir le bureau à distance.

Inutile de dire qu'il ne survécut point aux moquettes grises. On l'enfonça, lentement mais sûrement, dans une situation de plus en plus obscure. Ce processus le tourmentait, d'une manière douce mais tenace, et il devint un personnage comique du bureau, une sorte d'attraction touristique, une bizarrerie plus qu'une mascotte.

(En même temps, il y avait une jeune femme blonde sculpturale qui avait peut-être vingt-cinq ans et qui travaillait au sixième étage. On aurait dit une fille sexy de bande dessinée érotique. Elle portait des jupes serrées, des talons hauts, des hauts moulants et du rouge à lèvres éclatant. Et la façon qu'avait le bureau de s'y prendre avec elle consistait, d'ailleurs, à la traiter comme une mascotte. En fait, Charlie Smith aurait pu être l'Arthur Miller de sa Marilyn Monroe. A part le fait qu'elle partit pour épouser un paysagiste de profession.)

* Citation de Lord Byron, *The Destruction of Sennacherib*, 1815, st. 1 *(N.d.T.)*.

** Citation de Tennyson, *The Princess*, 1847 *(N.d.T.)*.

Mais lorsqu'il partit, Charlie fit un petit discours, et, assis à mon bureau en cet après-midi si particulier, je me souvins de ses mots de conclusion : « Mais il y a quelque chose que je veux vous dire, à vous jeunes gens, et c'est la chose suivante : rappelez-vous bien, Ils n'ont pas le sens de l'humour. » Et il y eut alors un léger vent de malaise au fond de l'assemblée, tandis que l'encadrement affrontait ce dernier petit grain en échangeant quelques regards et en levant les yeux au Ciel.

En ce temps-là, les départs se fêtaient dans le sous-sol frisquet de North Row, un vaste espace, de forme bizarre, qui sentait l'encaustique et les fils électriques sous isolant. Ce sous-sol — où le trio s'était prétendument fait surprendre — avait à une époque été aménagé en local de réunion. Il y avait un guichet long et étroit, à présent fermé et verrouillé, qui desservait une sorte de petit bar. Au coin de ce bar, il y avait un minuscule évier en inox ; mais aucun des robinets ne fonctionnait plus, et le bac était recouvert d'une poudre séchée, de la couleur du ciment, qui était un genre de produit de nettoyage durci par le temps. Il y avait en outre deux cabines de douche tout aussi sèches, qui évoquaient une scène de meurtre, ou un décor de film vidéo porno.

Pendant un temps, ils ont installé dans ce sous-sol un distributeur automatique. Il était situé contre le mur du fond, et comme le sous-sol était toujours plongé dans une semi-obscurité, en raison du faible voltage des quelques éclairages au néon qu'on y avait laissé clignoter, vous aperceviez les panneaux lumineux de ce distributeur qui dardaient vers vous leurs rayons rougeoyants à travers la pièce, tout à fait comme un robot que vous seriez descendu libérer.

Pendant les années-distributeur de la mélancolique histoire du sous-sol, j'y descendais parfois pour tenter de rattacher le passé de cette pièce à son atmosphère présente. Il en émanait une impression de dynastie ensevelie, car elle datait d'un temps antérieur à celui où notre entreprise avait loué cet immeuble. En cela, elle semblait dépossédée. Un après-midi, j'essayai même de dormir dans l'un de ses coins sombres, mais je trouvai cela trop déprimant.

Le pot d'adieu de Charlie Smith fut le dernier à se tenir dans le sous-sol. Il eut son gâteau Forêt-Noire, son coffret de Janet Baker chantant Mahler et son occasion de prononcer quelques mots, le tout dans la faible lumière jaune du sous-sol en contrebas d'un trottoir du West End de Londres.

Le pot d'aujourd'hui, pour Irène et Frankie, serait d'un style moderne. Nous vivons, après tout, dans une société de plus en plus séculière.

# SEPT

Juste après cinq heures cet après-midi, la plupart des caisses bleues au milieu de notre bureau étaient pratiquement pleines. La pièce paraissait d'une certaine manière plus grande. Et on aurait dit aussi que je voyais mon bureau pour la première fois. Tandis qu'Anne et Dave attachaient leurs paquets de paperasserie courante avec du ruban de tissu rose, je me retrouvais à contempler mon bureau et à m'apercevoir qu'il était bien plus vieux et plus petit que celui des autres. Comment avais-je pu ne pas le remarquer auparavant ? Et je fus pris d'une soudaine bouffée de tendresse pour ce pauvre petit bureau miteux, comme s'il s'agissait d'un âne harassé par les ans et le labeur qui se tenait patiemment au coin d'un champ.

En me mettant à vider les tiroirs, je découvris des fournitures et de la paperasserie qui dataient de presque une dizaine d'années. C'est un grave manquement de ma part, chaque fois que je me trouve confronté à une tâche simplement trop ardue, ennuyeuse ou délicate pour la traiter facilement, que de reléguer celle-ci au fond d'un tiroir et de la vouer plus ou moins au Royaume du Non-être. Ainsi donc, au fond des tiroirs de mon bureau aujourd'hui, je découvris une cale de papiers emboutis, dont beaucoup comportaient des récépissés de douane qui avaient été agrafés par des gens partis depuis longtemps à la retraite.

C'étaient là les péchés à tout jamais inavouables : les témoins d'une carrière bousillée et la cause — sinon l'explication — d'une vie à petite vitesse. Ici se trouvait une autre de ces chaînes moléculaires de phénomènes — semblable à celle qui relie les sangles de sac à dos en Nylon rose à la ferme à l'abandon d'Afrique centrale — qui contient dans sa petitesse même l'immensité des années gâchées. Tout ce que je pouvais songer à faire, c'était d'enfourner le tout dans un sac poubelle en espérant que personne ne le remarquerait. Il me fallait tourner le dos pendant cette opération, car il était plus que probable qu'Anne, en particulier, ne manquerait pas de souligner que je jetais mon travail.

Mais que découvris-je d'autre dans les tiroirs de mon bureau — les paniers de bât de l'âne patient ? Des manuels qui n'avaient guère été consultés, des calepins sans rien dedans, et une poignée de choses bizarres que l'on pourrait qualifier de souvenirs sentimentaux. Il y avait, par exemple, une fleur de Green Park, parcheminée et compressée dans une enveloppe, ainsi qu'un minuscule tesson de maçonnerie d'un chantier de construction de la City ; il y avait encore une carte à jouer sur laquelle avait été inscrit au stylo-feutre noir le mot « Magicien ». Et voilà tout.

J'avais à présent l'esprit complètement vide.

Je veux dire, bien sûr, qu'il y avait de petits tourbillons de pensée, comme des feuilles mortes balayant le trottoir au crépuscule, mais que la structure habituelle de mon raisonnement, de mon imagination et de mes sentiments semblait s'être grippée. *Plus de place.* Je restais juste assis là, écoutant, pour ainsi dire, la bobine en roue libre du film en cours de projection. Je me souviens de m'être demandé si c'était à cela que ressemblait l'impression d'être extrêmement vieux.

Au bout d'un moment — je ne sais pas combien de temps — je pris conscience du flot de fumée qui émanait de la cigarette de Kate. Nous ne sommes pas censés fumer au travail, et elle avait ouvert la fenêtre derrière elle ; renversée dans son fauteuil, les pieds en appui sur un tiroir ouvert de son bureau, elle contemplait les immeubles voisins, en tenant sa cigarette à tout juste deux doigts de sa bouche.

C'était un des premiers soirs de l'année où la lumière du jour semble s'attarder. Le ciel était bleu et dégagé et l'on apercevait le croissant de la nouvelle lune. Une fois de plus, je ressentis l'appel d'une bonté abstraite, que la douceur de l'air, la couleur aimable de la lumière rendaient éloquente, et le sentiment que ce qui composait ces choses était, quel qu'il fût, d'une bienveillance inconditionnelle. L'image des yeux gris, pleins de chaleur humaine, me revint à l'esprit : *l'honnêteté irréprochable !*

Mais lorsque je regardai de nouveau la lumière dans les rues, au-delà du profil de Kate, et ressentis de nouveau cette puissante aimantation, je sus soudain que je ne saisissais que la trace la plus infime d'une bonté bien plus grande et d'un amour inconditionnel qui se trouvait derrière tout l'amour et toute la bonté et toute l'honnêteté irréprochable dont j'avais jamais été spectateur ou témoin. Que ces manifestations — la lumière, les yeux gris, la douceur de l'air — étaient simplement la preuve, dans leur constitution même, de la perfection de cette source plus grande. *La dispensatrice d'eau fraîche :* Claudia Cardinale dans un café de Victoria Station, mais que celle-ci, aussi parfaite qu'elle parût, n'était que l'ambassadrice, l'ange, de ce sentiment plus profond qui m'appelait — moi personnellement — par Duke Street ou Davies Street, dans la lumière bleue des soirs du printemps naissant.

A tenter de coincer là cette sensation, je la perdis, bien sûr. Kate demeurait assise près de la fenêtre, et j'avais oublié sa présence. Nous étions maintenant les deux seuls qui restaient dans le bureau ; les autres s'étaient rendus au pot d'adieu à l'étage d'en dessous. Kate se pencha sur le côté et secoua la cendre de sa cigarette dans un gobelet en plastique ; celle-ci siffla en touchant le reste de café froid. Je me redressai sur mon siège, dans le désir de rallumer les sentiments de ces dernières minutes.

Je n'ai jamais été doué pour ces petites conversations intimes que vous êtes censé avoir avec les gens au bureau après une sorte de crise. Je ne crois jamais vraiment à l'attitude amicale qu'elles engendrent ; elles me semblent toujours davantage fondées sur l'esprit de faction que sur l'affection. Mais en regardant Kate, je la plaignais sincèrement. Son escapade avec Simon Grinch avait eu un effet équivalant à celui d'un atterrissage à la une d'un journal sous un titre aussi embarrassant que retentissant. Et ce à quoi ils voulaient en venir n'était la putain d'affaire de personne d'autre.

Au bureau, cependant, vous ne sauriez parler de cette manière. Les gens penseraient que vous essayez simplement de vous montrer supérieur, ou de faire honte à tous les autres. La seule résistance consiste à ne pas collaborer ; et je me contentai donc d'adresser un sourire à travers la pièce et de dire que je croyais que j'allais rejoindre les autres. A ce moment précis, Simon jeta prudemment un œil par l'entrebâillement de la porte, et ce fut mon signal de départ. C'est l'épouse que je plains, pensai-je.

La lumière du couloir paraissait vive, et je me rendis soudain compte que nous étions restés assis dans le bureau sans aucun éclairage. En haut de l'escalier, je tombai sur Potter, qui se retourna pour me parler. « Je crois qu'il faut que nous ayons une discussion », dit-il. « Pas maintenant. Demain. » Et d'opiner du chef, et de continuer à descendre au trot, à sa manière dynamique, bourrée d'énergie. En regardant sa nuque, je me sentis soudain heureux de ne pas l'avoir frappé avec l'agrafeuse.

Ces pots d'adieu ont toujours quelque chose de particulier, surtout lorsque l'une des personnes qui s'en va est une femme d'âge mûr, et que l'autre est un homme raisonnablement jeune, champion des champions entre tous les braves types. Frankie est de petite taille et solidement bâti, avec des cheveux blonds bouclés, un visage rougeaud rebondi et de petites lunettes à montures dorées. Il a tendance à arborer en permanence une expression moqueuse, comme si l'irrationalité de tout ne cessait à aucun moment de le surprendre. Cette expression se trouve renforcée par un flot continuel de plaisanteries sarcastiques. Il mâche sans arrêt du chewing-gum, en fronçant et haussant les sourcils au rythme de sa mastication, d'une façon telle qu'elle rend tout son visage expressif du cours de ses pensées. Au moment où j'entrai dans son bureau bondé, il était en train de se pencher en avant pour boire sa pinte de bière blonde. Il ne me vit pas, entouré qu'il était d'amis et de gens lui exprimant leur sympathie.

A l'autre bout de la pièce, groupées autour d'une paire de bureaux très bien rangés, Irène et ses amies étaient assises sur des fauteuils de dactylos, tenant chacune sur ses genoux une assiette en carton sur laquelle reposaient de modestes parts de gâteau au chocolat. A côté d'elles, il y avait des tasses en plastique blanches, prudemment remplies à moitié de rosé pétillant. Perry accrocha mon regard et, la bouche pleine, agita la main. Il paraissait très grand dans cette réunion particulière.

« As-tu vu Potter ? demanda-t-il. Il te cherchait — une fois de plus. »

Je lui dis que je l'avais vu et qu'il voulait que nous nous rencontrions demain. Perry a dû se douter à mon air que je n'allais pas parler de mes projets au bureau.

« Ça ne t'ennuie pas si je te dis quelque chose ? poursuivit-il. Et je ne dis pas cela en mauvaise part... » — il commença de rire — « mais tu es bizarre ».

Et là-dessus il rit pour de bon, et me caressa le bras comme pour m'assurer derechef qu'il ne voulait pas m'offenser. Lorsque je le regardai, je vis qu'il éprouvait à mon égard une curiosité authentique. Quelques phrases encore de cette conversation et le voilà qui se serait mis à jouer à l'ami intime, ou au confesseur. Je souris, et offris en retour une expression d'alarme feinte. Après quoi je lui demandai si je pouvais aller lui chercher un autre verre. Il regarda son gobelet en plastique. « Est-ce qu'il y a encore du vin ? »

Je me retournai, et me faufilai à travers la petite foule jusqu'au bureau près du mur sur lequel étaient disposées les boissons. Le bureau avait été recouvert d'une nappe en papier, et une douzaine de bouteilles de rosé pétillant étaient soigneusement alignées dans un coin. De l'autre côté des bouteilles de lager se dressaient près d'un saladier marron rempli de cacahuètes. Je versai deux verres de vin, un pour Perry et un pour moi, puis fendis de nouveau la foule et tendis son gobelet à Perry en lançant « A la tienne ! » dans sa direction. Et de tourner de nouveau les talons.

Ce que j'avais ressenti au bureau, ce sentiment d'une bienveillance plus vaste, n'avait-il été rien d'autre que la sentimentalité voluptueuse de l'apitoiement sur soi-même ? Le rosé était d'une fraîcheur délicieuse, mais je ne bus qu'une gorgée du mien. C'était d'eau fraîche et d'air frais que j'avais l'impression de manquer. J'aperçus Anne, bavardant avec Abat-jour. Dave était au beau milieu d'une discussion animée. Il s'était avancé dans le cercle des buveurs, assénant ses arguments d'un doigt pointé, avant de reculer en se balançant des cacahuètes dans la bouche. Je posai mon verre, n'en voulant plus vraiment, et parcourus la pièce du regard une fois de plus

Les voix et les éclats de rire ne formaient plus à présent qu'un seul grand vacarme. Trente conversations se déroulaient en même temps, des cigarettes avaient été allumées, le vin et la bière commençaient à rendre les gens plus expansifs, sincères ou affables les uns envers les autres. Le groupe qui entourait Frankie se montrait particulièrement tapageur, et comme je tournais mon regard dans leur direction — cherchant, en fait, quelque chose à détester — je m'aperçus que je n'avais plus envie de les détester.

Mon échec à devenir anthropologue urbain provenait de ce que le détachement nécessaire me faisait défaut — ou de ce que j'étais doué de la mauvaise forme d'empathie — pour demeurer à distance de mes sujets. Mon intérêt pour le statut social, l'image et l'apparence avait toujours été fixé sur moi-même, d'autant plus que j'en voulais aux gens qui m'entouraient. Mais en regardant Frankie et ses copains qui se rassemblaient, rigolards et le visage en feu, j'éprouvai soudain ce détachement — pour la toute première fois, je crois — et perdis le réflexe de haïr. La remarque de Perry me revint, « Tu es bizarre ». Et je me ressouvins de cette expression dans le regard de Ryan, il y a près de vingt ans, de tristesse légèrement intriguée.

Il était, à ce qu'il semblait, temps de partir. Je n'avais pas envie de traverser la rue pour aller au pub. La chose la plus importante, à l'instant où je passai une dernière fois en revue la pièce, les dos des costumes gris des hommes et les femmes qui riaient, c'était de préserver la disposition rare dont ma journée avait été porteuse : éprouver sa force au cours du trajet à pied jusqu'à Victoria. J'avais l'impression de transporter du cristal fin comme du papier de soie, qui pouvait cependant se révéler indestructible.

Je regagnai mon bureau. Les couloirs étaient silencieux, tandis que les bureaux étaient remplis de ce vrombissement sourd de la technologie au repos que vous n'entendez que lorsque la clameur de la journée de travail a cessé. Les câbles, les conduits et les processeurs, engendrant une interminable symphonie à un seul mouvement, jouée en un seul accord. A cette heure de la journée, lorsqu'il ne reste plus que quelques personnes au bureau, tous les bruits humains paraissent aussi beaucoup plus forts. Les agents de nettoyage qui arrivent avec leurs chariots en tubes d'acier, et le froissement des sacs poubelle neufs que l'on déroule ; l'arrêt dans leur progression, suivi de salutations à grands cris ou de soudains éclats de rires à une remarque que vous n'entendez pas. Puis le lent couinement d'une charnière hydraulique grippée, et le claquement sourd de la lourde porte, à la résonance si définitive.

De retour dans notre bureau, les lampes étaient toujours éteintes et l'on ne voyait nulle part Kate et Simon. Les caisses bleues se trouvaient toujours au milieu de la pièce, remplies de nos dossiers et de nos manuels et de nos tableurs. Je distinguais même les trois reliures rebondies des feuilles de *Modifications des Systèmes,* qui rebiquaient sur le côté d'une des caisses. Je regardai mon propre petit bureau — *âne patient* — et mesurai à quel point il paraissait sans défense.

Dans l'obscurité, les encadrements des fenêtres étaient remplis du gris et de l'orange de l'éclairage réfléchi de la rue ; les carreaux du dessus formaient des rectangles debout d'un bleu vif. Cela paraît vraiment stupide, mais je n'arrivais pas à me décider, malgré tout, à plonger mon regard dans les rues — cette perspective de toits, qui s'étendent en direction de Berkeley Street et de Green Park, que l'on sent mais ne voit pas, au-delà. Je ressentais encore la force d'attraction de cette promesse de bonté ; c'était comme le souvenir de l'amour dans un rêve, la chaleur du sourire, le bleu de la baie.

J'enfilai mon imperméable et vérifiai que je n'avais rien laissé. Le bureau paraissait toujours beaucoup plus vaste que d'habitude, comme s'il avait entièrement changé de caractère. On avait une impression d'espace pour respirer, le sentiment que je pouvais me mouvoir librement, sans faire le dos rond — en bombant le torse, comme on dit. Je prêtai un instant l'oreille au bruit de la pièce, écoutant ce bourdonnement technologique comme quelqu'un d'autre le ferait du vrombissement d'un vent marin balayant l'herbe des dunes, avant de retourner dans le couloir.

Le train de 18 h 38 au départ de Victoria est toujours bondé. J'avais un siège près de la fenêtre et, à cause de la foule entassée, j'appuyais ma tête contre la vitre. Il faisait chaud dans le wagon. Cela rappelait la température du corps, ce genre de chaleur qui vous assoupit à l'instant où vous vous asseyez. Comme le train se glissait hors de la gare, pour s'avancer une fois de plus sur l'austère travée de Grosvenor Bridge, je vis quelques nuages élevés, d'une couleur de fer, qui faisaient pression sur le bleu de la lumière du soir.

Je fermai les yeux, et vis l'immensité d'une plage à marée basse. Elle paraissait de la taille d'un désert. Il n'y avait qu'à l'horizon lointain que vous distinguiez la mince ligne argentée de la mer, scintillant en fin de l'après-midi. Et à mi-chemin environ de cette ligne scintillante, échoués à la dérive, pour ainsi dire, dans l'immensité de la plage vide, il y avait les bois éclatés d'un vieux ponton abandonné qui se dressait seul, face au plein ciel, superflu mais éloquent, telle une construction laissée derrière elle par une civilisation antérieure.

Le train cahota, et je regardai un instant le dos de quelques maisons, grises dans le crépuscule. Avant que la chaleur du sommeil ne me ramenât en arrière, je voulais me souvenir de la couleur de cette lumière : une lumière qui promettait l'amour, et qui, sachant tout ce que vous savez de vous-même, continuerait à vous aimer, à tout jamais.

Je devais avoir neuf ou dix ans lorsque je courais sur les vaguelettes de sable aplati de cette plage solitaire, frissonnant aux éclaboussures lorsque mes pieds heurtaient les minuscules rigoles d'eau de mer, laissées derrière elle par la marée. Le vieux ponton paraissait énorme, de près — une haute plate-forme, flanquée des deux côtés des vestiges noircis des pylônes en ferraille rouillée qui avaient jadis supporté des lampes. En dessous, il y avait des mares d'eau peu profondes, immobiles en surface.

Et ce fut là que je trouvai ce qui ressemblait à des pierres creuses, pas plus grandes que des cailloux, mais minces comme du papier. Elles étaient légèrement en forme de cône à une extrémité, et sur leurs côtés supérieurs aplatis — leurs fronts, si vous préférez —, il y avait de minuscules perforations avec des motifs joliment incurvés. Après m'être accroupi pour les étudier, me mettant au défi d'en ramasser une, et la trouvant sèche et dénuée de poids, j'avais de nouveau levé les yeux vers le ciel. Et j'imaginai le bord bleu de l'atmosphère, et les commencements de l'espace, et que c'étaient là des crânes venus d'ailleurs, qu'il fallait remettre, avec une extrême douceur, au repos.

Composition réalisée par JOUVE

IMPRIMÉ EN ESPAGNE PAR LIBERDUPLEX
Barcelone
Dépôt légal éditeur : 31184-04/2003
LIBRAIRIE GÉNÉRALE FRANÇAISE - 43, quai de Grenelle - 75015 Paris.
ISBN : 2 - 253 - 15469 - 5

31/5469/7